DAPUR KEJU KOTAJ AKHIR

Temui 100 Resipi Lazat untuk Menaikkan Hidangan Anda

Jane Fareez

Bahan Hak Cipta ©2023

Hak cipta terpelihara

Tiada bahagian buku ini boleh digunakan atau dihantar dalam apa jua bentuk atau dengan apa cara sekalipun tanpa kebenaran bertulis yang sewajarnya daripada penerbit dan pemilik hak cipta, kecuali petikan ringkas yang digunakan dalam semakan. Buku ini tidak boleh dianggap sebagai pengganti nasihat perubatan, undang-undang atau profesional lain.

ISI KANDUNGAN

ISI KANDUNGAN..3
PENGENALAN..7
SARAPAN DAN BRUNCH...9
1. Dadar Articok dan Keju Kotej..................................10
2. Strata Telur dan Articok...13
3. Lemon meringue pancake......................................16
4. Croissant Keju Kotej..19
5. Lempeng keju kotej..21
6. Lempeng keju limau utama.....................................24
7. Krêpe Bayam Cheesy hlm.......................................26
8. Pencuci mulut Keju Kotej Berry Campuran..........29
9. Gâteau De Crêpes dan La Florentine....................32
10. Mangkuk Buah Keju Kotej.....................................35
11. Mangkuk Buah Berry Blast Protein.....................37
12. Kale, Lada dan Dadar Feta Hancur......................39
13. Sosej Keju Frittata..41
14. Gulung Yis Keju Kotej...43
15. Roti Dill Bawang..46
16. Wafel kuasa protein..48
17. Hash Sarapan Ukraine...50
18. Sandwic Sarapan..53
19. B abbka..55
20. Lada Merah & Keju Kotej Frittatas.......................59
21. Quiche makanan laut tanpa kerak.......................61
22. Kaserol Sarapan Amish...63
KUDAPAN DAN PEMBUAT SELERA............................67
23. Oren Sumbat Keju Kotej..68
24. Empanada Bayam...70
25. Keropok Keju Kotej Asia..73
26. Bebola daging pesta koktel...................................75
27. Keju kotej & Pinwheels nanas..............................77

28. Pencuci mulut zucchini goreng	79
29. Dataran Souffle Keju Chile	81
30. Bayam gulung	84
31. Bar Keju Kotej Strawberi	86
32. Terung Sumbat	89
33. Cendawan Sumbat dengan Keju	92
34. Bebola Keju Kotej dengan Coklat Glaze	95
35. Bebola Bijan Keju Kotej	97
36. Biskut keju kotej	99
37. Biskut oatmeal keju kotej	101
38. Sous Vide Gigitan Telur	103
39. Balak saderi	106
40. Cendawan Sumbat Keju Kotej	108
41. Celupkan Keju Kotej dan Bayam	110
SANDWICH, WRAP DAN BURGER	112
42. Burger kambing Moroccan dan harissa	113
43. Swiss chard bruschetta	116
44. Sandwic Paneer Bhurji	119
45. Burrito daging lembu & keju	121
46. Epal panggang pada Muffin Sourdough	123
47. Chipotle Cheddar Quesadilla	125
HIDANGAN UTAMA	127
48. Epal panggang dan keju	128
49. Ravioli keju dengan rosemary dan lemon	130
50. lasagna ravioli	132
51. Pai Lasagna Carbquik	134
52. Lasagna dalam Mug	137
53. Focaccia al formaggio	139
54. Daging Turki Cheesy	141
55. Lasagna Pai Kotej Inggeris	143
56. Lasagna kacang	146
57. Lasagna Pepperoni	149
58. Linguine dengan Sos Keju	152
59. Pai Kotej Desa	154
60. Primavera pasta Margarita	157

61. Monterey Jack Souffle..159
62. Ayam dan Keju Kotej..161
63. Manicotti Keju Kotej..164
64. Pai Bayam Mama..166
65. Daging Lembu 'n' Mee Kaserol................................169
66. Bayam Bakar Supreme...171
SALAD DAN SISI...173
67. Salad Sayur Keju Kotej...174
68. Asparagus, tomato dan salad keju kotej.....................176
69. Keju Kotej dan Salad Buah.....................................179
70. Salad Timun dan Keju Kotej...................................181
71. Salad Keju Kotej dan Tomato.................................183
PENJERAHAN..185
72. Kek Keju Walnut...186
73. Kek keju oren cranberry.......................................188
74. Kugel Mee Nanas..191
75. Saffron Pistachio Panna Cotta................................194
76. Tiramisu keju kotej...196
77. Aiskrim Kurma Keju Kotej....................................198
78. Kek keju keju kotej...200
79. Burekas..202
80. Tart keju Perancis...205
81. Tart keju herba..208
82. Kek bit..211
83. Epal–Ais Krim Keju...213
84. Kek Keju Keju Kotej Kelapa..................................215
85. Pai Kugel Mi dengan Keju Kotej.............................218
86. Salad parti merah jambu.......................................221
87. Pencuci mulut Nanas Bakar...................................223
88. Salad Limau Sejuk..225
PERUBAHAN...227
89. Sos Keju Kotej...228
90. Celup Daun Bawang Rendah Lemak........................230
91. Pembalut herba kotej...232
92. Spread Keju Kotej Herba......................................234

93. Salsa Keju Kotej..236
94. Keju Kotej dan Gerimis Madu........................238
95. Pesto Keju Kotej..240
SMOOTHIES DAN KOKTEL.................................242
96. Smoothie Raspberi Berempah.......................243
97. Kotej Cheese Power Shake............................245
98. Goncang Vanila Cheesy.................................247
99. Selepas Latihan Banana Protein Shake........249
100. Smoothie Soya...251
KESIMPULAN...253

PENGENALAN

Selamat datang ke "DAPUR KEJU KOTAJ AKHIR," di mana keju kotej yang sederhana diubah menjadi bintang masakan. Dalam halaman buku masakan ini, anda akan memulakan perjalanan melalui dunia perisa, kreativiti dan pemakanan. Keju kotej bukan sekadar produk tenusu ringkas; ia adalah ramuan serba boleh yang boleh memberi nafas baru ke dalam makanan anda.

Dapur kami adalah tempat di mana kreativiti tidak mengenal batas. Sama ada anda seorang tukang masak yang berpengalaman atau orang baru dalam seni kulinari, anda akan menemui pelbagai jenis resipi yang akan memenuhi citarasa anda dan menyuburkan badan anda. Keju kotej adalah sumber protein, kalsium, dan nutrien penting lain, menjadikannya tambahan yang berharga untuk diet harian anda.

Dengan 100 resipi lazat yang merangkumi pelbagai masakan dan gaya masakan, buku masakan ini direka untuk memberi inspirasi kepada perjalanan memasak anda. Daripada hidangan lazat seperti cendawan sumbat dan lasagna kepada hidangan manis seperti kek keju dan parfait, anda akan menemui potensi sebenar keju kotej.

Jadi, mari kita singsingkan lengan baju kita, pakai apron kita, dan mendalami dunia masakan keju kotej. Sudah tiba masanya untuk meningkatkan hidangan anda dan mencipta pengalaman makan yang tidak dapat dilupakan di dapur anda sendiri.

SARAPAN DAN BRUNCH

1. Dadar Articok dan Keju Kotej

BAHAN-BAHAN:

- 3 biji telur besar
- ¼ cawan keju kotej
- ¼ cawan hirisan lobak
- ¼ cawan hati articok yang dicincang (tin atau diperap)
- 2 sudu besar herba segar yang dicincang (seperti pasli, daun bawang, atau selasih)
- Garam dan lada sulah secukup rasa
- 1 sudu besar minyak zaitun

ARAHAN:

a) Dalam mangkuk, pukul telur hingga sebati. Perasakan dengan garam dan lada sulah.
b) Panaskan minyak zaitun dalam kuali tidak melekat di atas api sederhana.
c) Masukkan hirisan lobak dan tumis lebih kurang 2-3 minit sehingga sedikit empuk.
d) Masukkan hati articok yang dicincang ke dalam kuali dan tumis selama 1-2 minit tambahan sehingga dipanaskan.
e) Tuangkan telur yang telah dipukul ke dalam kuali, pastikan ia menutupi sayur-sayuran dengan sama rata.
f) Biarkan telur masak tanpa gangguan selama beberapa minit sehingga bahagian bawah mula set.
g) Angkat perlahan-lahan tepi telur dadar dengan spatula dan condongkan kuali untuk membiarkan mana-mana telur yang belum dimasak mengalir ke tepi.
h) Sudukan keju kotej pada separuh daripada telur dadar.
i) Taburkan herba cincang ke atas keju kotej.
j) Lipat separuh lagi telur dadar di atas bahagian keju kotej.

k) Teruskan memasak selama satu minit lagi atau sehingga telur dadar masak mengikut kematangan yang anda inginkan.

l) Luncurkan telur dadar ke atas pinggan dan potong dua jika mahu.

2. Strata Telur dan Articok

BAHAN-BAHAN:
- 1 Sudu besar minyak zaitun extra-virgin
- 1 bawang kuning sederhana, dicincang
- 8 auns bayam cincang beku
- ½ cawan tomato kering matahari, toskan dan cincang kasar
- 14-auns tin jantung articok, toskan dan dibelah empat
- 2 ½ cawan pek baguette kiub
- Garam dan lada hitam secukup rasa
- ⅔ cawan keju feta, hancur
- 8 biji telur
- 1 cawan susu
- 1 cawan keju kotej
- 2 sudu besar basil segar yang dicincang
- 3 Sudu besar keju Parmesan parut

ARAHAN:
a) Panaskan ketuhar hingga 350 F.
b) Panaskan minyak zaitun dalam kuali besi tuang besar di atas api sederhana. Tambah dan tumis bawang selama 3 minit atau sehingga layu.
c) Kacau dalam bayam dan masak sehingga dicairkan dan kebanyakan cecair telah tersejat. Matikan api.
d) Kacau dalam tomato kering matahari, hati articok, dan baguette sehingga rata diedarkan. Perasakan dengan garam, dan lada hitam, dan taburkan keju feta di atas; mengetepikan.
e) Dalam mangkuk sederhana, pukul telur, susu, keju kotej, dan selasih. tuang bancuh di atas campuran bayam dan gunakan sudu untuk mengetuk perlahan telur bancuh untuk diedarkan dengan baik. Taburkan keju Parmesan di atasnya.

f) Pindahkan kuali ke dalam ketuhar dan bakar selama 35 hingga 45 minit atau sehingga keemasan coklat di atas dan telur ditetapkan.

g) Keluarkan kuali; potong strata menjadi baji dan hidangkan hangat.

3. Lemon meringue pancake

BAHAN-BAHAN:

MERINGUE
- 4 putih telur besar
- 3 sudu besar gula

PANKEK
- 2 biji telur
- $\frac{1}{2}$ cawan keju kotej
- $\frac{1}{2}$ sudu teh ekstrak vanila
- 1 sudu besar madu
- $\frac{1}{4}$ cawan tepung ejaan
- $\frac{1}{2}$ sudu teh serbuk penaik
- $\frac{1}{4}$ sudu teh baking soda
- 2 sudu teh lemon tanpa gula campuran Jell-O

ARAHAN:

UNTUK MERINGUE

a) Masukkan putih telur ke dalam mangkuk adunan dan pukul sehingga soft peak terbentuk. Puncak lembut berlaku apabila anda menarik pemukul daripada adunan dan puncak terbentuk tetapi jatuh dengan cepat.

b) Masukkan gula ke dalam putih telur dan teruskan pukul sehingga stiff peak terbentuk. Puncak kaku berlaku apabila anda menarik pemukul daripada adunan dan puncak membentuk dan mengekalkan bentuknya.

c) Ketepikan meringue.

d) Pukul telur, keju kotej, vanila, dan madu bersama-sama dan ketepikan.

e) Dalam mangkuk lain, pukul bahan kering sehingga sebati.

f) Masukkan bahan basah ke dalam bahan kering dan pukul sehingga sebati.

g) Semburkan kuali atau griddle tidak melekat dengan minyak sayuran dan panaskan dengan api sederhana.

h) Setelah kuali panas, masukkan adunan menggunakan cawan penyukat $\frac{1}{4}$ cawan dan tuangkan adunan ke dalam kuali untuk membuat penkek. Gunakan cawan penyukat untuk membantu membentuk lempeng.

i) Masak sehingga bahagian tepi kelihatan set dan buih terbentuk di tengah (kira-kira 2 hingga 3 minit), kemudian terbalikkan lempeng.

j) Setelah pancake masak di sebelah itu, keluarkan pancake dari api dan letakkan di atas pinggan.

k) Teruskan langkah ini dengan baki adunan.

l) Lempeng atas dengan meringue.

m) Untuk membakar meringue, anda boleh menggunakan obor untuk perangkan sedikit bahagian tepinya atau anda boleh meletakkan lempeng atas di bawah ayam pedaging panas selama 2 hingga 3 minit.

4. Croissant Keju Kotej

BAHAN-BAHAN:
UNTUK doh:
- ⅔ cawan susu
- 1¼ cawan (150 g) keju kotej ¼ cawan (60 g, 2 auns) mentega
- 1 biji telur
- ⅓ cawan (60 g, 2.4 auns) gula
- 4 cawan (500 g, 18 auns) tepung serba guna
- 1 sudu teh gula vanila
- 1½ sudu teh yis kering aktif
- ½ sudu teh garam

UNTUK GLAZE:
- 1 biji kuning telur
- 2 sudu besar susu
- 2 sudu besar badam, dicincang

ARAHAN:
a) Uli doh dalam mesin roti. Biarkan ia berehat dan naik selama 45 minit.

b) Canai doh yang sedia untuk dimasak menjadi bulatan berdiameter 16 inci (40 cm) dan bahagikannya kepada 12 sektor segi tiga. Gulung setiap segi tiga ke atas, bermula dengan tepi lebarnya.

c) Letakkan gulung pada lembaran pembakar yang ditutup dengan kertas minyak dan sapunya dengan campuran sayu. Tutup dengan tuala dan biarkan selama 30 minit.

d) Panaskan ketuhar hingga 400 darjah F (200 darjah C).

e) Bakar dalam ketuhar yang telah dipanaskan sehingga perang keemasan selama 15 minit.

5. Lempeng keju kotej

BAHAN-BAHAN:

- ¼ cawan tepung ejaan
- ½ sudu teh serbuk penaik
- ¼ sudu teh baking soda
- ⅛ sudu teh kayu manis
- ⅛ sudu teh garam
- 2 biji telur besar, dipukul
- ½ cawan 2% keju kotej rendah lemak
- 1 sudu besar madu
- ½ sudu teh ekstrak vanila
- Strawberi, untuk hidangan (pilihan)

ARAHAN:

a) Masukkan semua bahan kering ke dalam mangkuk dan pukul sehingga sebati.

b) Dalam mangkuk yang berasingan, pukul bahan basah bersama-sama.

c) Masukkan bahan basah ke dalam bahan kering dan pukul hingga sebuli.

d) Biarkan adunan berehat selama 5 hingga 10 minit. Ini membolehkan semua bahan bergabung dan memberikan anda konsistensi yang lebih baik untuk adunan.

e) Semburkan kuali atau griddle tidak melekat dengan minyak sayuran dan panaskan dengan api sederhana.

f) Setelah kuali panas, masukkan adunan menggunakan cawan penyukat ¼ cawan dan tuangkan adunan ke dalam kuali untuk membuat penkek. Gunakan cawan penyukat untuk membantu membentuk lempeng.

g) Masak sehingga bahagian tepi kelihatan set dan buih terbentuk di tengah (kira-kira 2 hingga 3 minit), kemudian terbalikkan lempeng.

h) Setelah pancake masak di sebelah itu, keluarkan pancake dari api dan letakkan di atas pinggan.
i) Teruskan langkah ini dengan baki adunan. Hidangkan dengan strawberi, jika mahu.

6. Lempeng keju limau utama

BAHAN-BAHAN:
- 2 biji telur
- ½ cawan keju kotej
- ½ sudu teh ekstrak vanila
- 1 sudu besar madu
- Perahan dari 1 biji limau purut
- ¼ cawan tepung ejaan
- ½ sudu teh serbuk penaik
- ¼ sudu teh baking soda
- 2 sudu teh campuran Jell-O limau tanpa gula

ARAHAN:
a) Pukul telur, keju kotej, vanila, madu, dan kulit limau bersama-sama dan ketepikan.

b) Dalam mangkuk lain, pukul bahan yang tinggal sehingga sebati.

c) Masukkan bahan basah ke dalam bahan kering dan pukul sehingga sebati.

d) Semburkan kuali atau griddle tidak melekat dengan minyak sayuran dan panaskan dengan api sederhana.

e) Setelah kuali panas, masukkan adunan menggunakan cawan penyukat ¼ cawan dan tuangkan adunan ke dalam kuali untuk membuat penkek. Gunakan cawan penyukat untuk membantu membentuk lempeng.

f) Masak sehingga bahagian tepi kelihatan set dan buih terbentuk di tengah (kira-kira 2 hingga 3 minit), kemudian terbalikkan lempeng.

g) Setelah pancake masak di sebelah itu, keluarkan pancake dari api dan letakkan di atas pinggan.

h) Teruskan langkah ini dengan baki adunan.

7. Krêpe Bayam Cheesy hlm

BAHAN-BAHAN:
- 3 biji telur
- 1 cawan Susu
- 1 sudu besar mentega cair
- $\frac{3}{4}$ cawan tepung serba guna
- $\frac{1}{4}$ sudu teh Garam
- 2 cawan Havarti yang dicincang, Swiss ATAU
- Keju mozzarella, dibahagikan
- 2 cawan Kotej
- $\frac{1}{4}$ cawan keju Parmesan parut
- 1 biji telur, dipukul sedikit
- Pek 10 auns bayam cincang beku
- 300g, dicairkan dan diperah hingga kering
- $\frac{1}{4}$ sudu teh Garam
- $\frac{1}{8}$ sudu teh Lada
- $1\frac{1}{2}$ cawan sos tomato

ARAHAN

UNTUK CREPES:

a) Kisar bahan dalam pengisar atau pemproses makanan selama 5 saat.

b) Kikis bahagian tepi dan kisar adunan selama 20 saat lebih lama. Tutup dan biarkan selama sekurang-kurangnya 30 minit.

c) Panaskan kuali nonstick 8 inci dengan api sederhana. Berus dengan mentega cair. Kacau adunan. Tuangkan kira-kira 3 sudu besar adunan ke dalam kuali dan cepat-cepat hujung kuali untuk menyalut bahagian bawahnya. Masak sehingga bahagian bawah berwarna perang sedikit, kira-kira 45 saat. Putar crêpe dengan spatula dan masak lebih kurang 20 saat.

d) Pindahkan ke pinggan. Ulangi dengan adunan yang tinggal, sapu kuali dengan sedikit mentega cair sebelum memasak setiap Crêpe.

UNTUK PENGISIAN:

e) Simpan ½ cawan keju Havarti. Satukan bahan yang tinggal. Letakkan ½ cawan isi keju pada setiap Crêpe dan gulung.

f) Letakkan jahitan sebelah bawah dalam loyang 13x9 inci yang telah digris. Tuangkan sos tomato di atas. Taburkan dengan keju Havarti yang dikhaskan. Bakar dalam ketuhar 375F, selama 20 hingga 25 minit atau sehingga dipanaskan.

8. Pencuci mulut Keju Kotej Berry Campuran

BAHAN-BAHAN:
PANKEK:
- 16 auns keju kotej dadih kecil
- 1 sudu teh ekstrak vanila
- 3 sudu besar madu
- 4 biji telur besar
- 1 cawan tepung serba guna
- 1 sudu teh baking soda
- 2 sudu besar minyak sayuran

TOPPING BERRY CAMPURAN:
- 2 cawan beri campuran (strawberi, beri biru, raspberi)
- 2 sudu besar madu
- ½ sudu teh kulit lemon

HIASAN PILIHAN:
- Daun pudina (pilihan)
- Krim masam
- sirap maple
- Buah segar tambahan

ARAHAN:
PANKEK:
a) Dalam mangkuk sederhana, pukul bersama 4 biji telur besar sehingga dipukul dengan baik. Tambah 16 auns keju kotej, 1 sudu teh ekstrak vanila, dan 3 sudu besar madu. Pukul sehingga sebati.

b) Dalam mangkuk yang berasingan, pukul bersama 1 cawan tepung serba guna dan 1 sudu teh baking soda. Pastikan tiada ketulan dalam adunan tepung.

c) Pukul bahan kering secara beransur-ansur ke dalam bahan basah sehingga terbentuk adunan lempeng yang licin.

d) Panaskan kuali besar tidak melekat di atas api sederhana dan tambah 2 sudu besar minyak sayuran.

e) Setelah minyak panas, masukkan satu sudu besar adunan pancake ke dalam kuali untuk setiap pancake.

f) Masak penkek sehingga ia keemasan dan mengembang, kira-kira 2-3 minit setiap sisi. Gunakan pelindung percikan untuk mengurangkan kekacauan.

g) Pindahkan penkek yang telah dimasak ke dalam pinggan dan tutup dengan tuala dapur yang bersih untuk memastikan ia hangat semasa anda memasak kumpulan yang tinggal.

TOPPING BERRY CAMPURAN:

h) Dalam mangkuk yang berasingan, satukan 2 cawan beri campuran, 2 sudu besar madu dan $\frac{1}{2}$ sudu teh kulit lemon.

i) Tos perlahan-lahan untuk menyaluti beri.

MENGHIDANG:

j) Hidangkan penkek hangat di atas dengan topping beri campuran.

k) Anda juga boleh menambah sedikit krim masam, sirap maple, daun pudina, atau buah-buahan segar tambahan untuk rasa tambahan.

9. Gâteau De Crêpes dan La Florentine

BAHAN-BAHAN:
SOS KRIM DENGAN KEJU, BAYAM DAN CENDAWAN
- 4 sudu besar mentega
- 5 Tb fluorida
- $2\frac{3}{4}$ cawan susu panas
- $\frac{1}{2}$ sudu kecil garam
- Lada dan buah pala
- $\frac{1}{4}$ cawan krim berat
- 1 cawan keju Swiss parut kasar
- $1\frac{1}{2}$ cawan bayam cincang yang telah dimasak
- 1 cawan keju krim atau keju kotej
- 1 biji telur
- 1 cawan cendawan segar yang dipotong dadu, sebelum ini ditumis dalam mentega dengan 2 sudu besar bawang merah cincang atau daun bawang

MEMASANG DAN MEMBAKAR
- 24 crêpes masak, diameter 6 hingga 7 inci
- Hidangan pembakar yang disapu sedikit mentega
- 1 sudu besar mentega

ARAHAN:
a) Untuk sos, cairkan mentega, kacau dalam tepung, dan masak perlahan-lahan selama 2 minit tanpa pewarna; keluarkan dari api, pukul susu, garam, dan lada sulah dan buah pala secukup rasa. Rebus, kacau, selama 1 minit, kemudian pukul dalam krim dan semua kecuali 2 sudu besar keju Swiss; reneh sekejap, kemudian betulkan perasa.

b) Kisar beberapa sudu sos ke dalam bayam dan betulkan perasa dengan teliti. Pukul keju krim atau keju kotej dengan telur, cendawan, dan beberapa sudu sos untuk membuat pes tebal; perasa yang betul.

c) Panaskan ketuhar hingga 375 darjah.

d) Pusatkan crêpe di bahagian bawah hidangan pembakar yang disapu mentega ringan, sapukan dengan bayam, tutup dengan crêpe, sapukan dengan lapisan campuran keju dan cendawan, dan teruskan dengan cara ini dengan baki crêpe dan 2 inti, mengakhiri busut dengan crêpe.

e) Tuangkan baki sos keju ke atas busut, taburkan dengan baki 2 sudu besar keju Swiss parut, dan titik dengan satu sudu mentega.

f) Sejukkan sehingga 30 hingga 40 minit sebelum dihidangkan, kemudian letakkan dalam sepertiga bahagian atas ketuhar yang telah dipanaskan sehingga panas menggelegak dan topping keju telah menjadi perang sedikit.

10. Mangkuk Buah Keju Kotej

BAHAN-BAHAN:
- 1 cawan keju kotej
- 1/2 cawan pic yang dihiris
- 1/2 cawan hirisan strawberi
- 1/4 cawan walnut cincang
- 1 sudu besar madu

ARAHAN:

a) Campurkan keju kotej dan madu dalam mangkuk.

b) Teratas dengan hirisan pic, hirisan strawberi, dan kenari cincang.

11. Mangkuk Buah Berry Blast Protein

BAHAN-BAHAN:
- 1 cawan keju kotej
- 1/2 cawan beri campuran (seperti acai, strawberi, beri biru dan raspberi)
- 1/4 cawan granola
- 1 sudu besar biji chia
- 1 sudu besar madu (pilihan)

ARAHAN:
a) Sudukan keju kotej ke dalam mangkuk sebagai asas.
b) Taburkan beri campuran di atas keju kotej.
c) Taburkan granola dan biji chia ke atas beri.
d) Tuangkan madu ke atas mangkuk untuk menambah rasa manis jika mahu.
e) Hidangkan dan rasai kebaikan buah beri!

12. Kale, Lada dan Dadar Feta Hancur

BAHAN-BAHAN:

- 8 biji telur, dipukul sebati
- 1 cawan lada merah, potong dadu
- 1/4 cawan bawang hijau (dicincang halus)
- 1/2 cawan feta hancur
- 3/4 cawan kangkung, dicincang
- 2 sudu kecil minyak zaitun
- 1/2 sudu kecil perasa Itali
- Garam dan lada yang baru dikisar, secukup rasa
- Keju krim masam atau kotej (pilihan)

ARAHAN:

a) Dalam kuali besar panaskan minyak dengan sederhana tinggi. Masukkan kale cincang dan masak selama kira-kira 3-4 minit.

b) Basuh dan potong lada merah. Potong bawang hijau dan hancurkan feta. Gris bahagian bawah Periuk Perlahan anda dengan minyak zaitun. Masukkan lada merah cincang dan bawang hijau yang dihiris ke dalam Slow Cooker bersama kangkung.

c) Dalam mangkuk kecil, pukul telur dan tuangkan ke atas bahan-bahan lain dalam Periuk Perlahan. Kacau rata dan masukkan perasa Itali. Laraskan garam dan lada sulah secukup rasa.

d) Masak dengan RENDAH selama 2 - 3 jam.

13. Sosej Keju Frittata

BAHAN-BAHAN:
- 8 biji telur
- 1 lb sosej
- 1 cawan keju kotej
- 2 sudu kecil serbuk penaik
- 1 cawan susu
- 3 biji tomato, dicincang
- 2 oz keju parmesan, parut
- 6 oz keju cheddar, parut
- Lada
- garam

ARAHAN:
a) Perangkan sosej dalam kuali dan ketepikan.
b) Dalam mangkuk, pukul telur dengan susu, serbuk penaik, lada sulah, dan garam.
c) Masukkan sosej, keju kotej, tomato, keju parmesan, dan keju cheddar dan kacau rata.
d) Tuang adunan telur ke dalam loyang yang telah digris.
e) Pilih mod bakar kemudian tetapkan suhu kepada 350°F dan masa selama 45 minit. Tekan mula.
f) Setelah Ketuhar Penggoreng Udara Digital Ninja Foodi dipanaskan kemudian letakkan hidangan pembakar ke dalam ketuhar.
g) Hiris dan hidangkan.

14. Gulung Yis Keju Kotej

BAHAN-BAHAN:
- 2 pakej (1/4 auns setiap satu) yis kering aktif
- 1/2 cawan air suam (110 ° hingga 115 °)
- 2 cawan (16 auns) 4% keju kotej
- 2 biji telur
- 1/4 cawan gula
- 2 sudu kecil garam
- 1/2 sudu teh baking soda
- 4-1/2 cawan tepung serba guna

ARAHAN:
a) Dalam mangkuk besar, larutkan yis dalam air suam. Dalam periuk kecil, panaskan keju kotej hingga 110 ° -115 °. Tambah ke dalam campuran yis telur, keju kotej, garam, gula, 2 cawan tepung dan baking soda. Pukul hingga rata. Kacau dalam tepung yang cukup untuk membentuk doh yang padat (doh akan melekit).
b) Hidupkan ke permukaan yang ditaburkan tepung; uli sekitar 6 hingga 8 minit sehingga elastik dan licin. Letakkan dalam mangkuk yang telah digris, terbalikkan sekali untuk melincirkan bahagian atas.
c) Biarkan mengembang sambil ditutup di tempat yang hangat selama lebih kurang 1 jam sehingga mengembang dua kali ganda.
d) Tumbuk doh ke bawah. Hidupkan ke permukaan yang ditaburkan sedikit; potong 30 keping. Bentuk setiap bahagian menjadi gulungan. Pada lembaran pembakar yang telah digris, letakkan jarak 2 inci. Tutup dan biarkan naik lebih kurang 30 minit sehingga naik dua kali ganda.

e) Bakar pada suhu 350 ° selama hampir 10 hingga 12 minit atau sehingga ia mempunyai warna perang keemasan. Bawa pergi ke rak dawai.

15. Roti Dill Bawang

BAHAN-BAHAN:
- 2 sudu teh yis kering aktif
- 3-1/2 cawan tepung roti
- 1 sudu teh garam
- 1 biji telur
- 3/4 cawan keju kotej ala krim
- 3/4 cawan krim masam
- 3 sudu besar gula
- 3 sudu besar bawang kering kisar
- 2 sudu besar biji dill
- 1-1/2 sudu besar mentega

ARAHAN:

a) Masukkan empat bahan pertama ke dalam loyang mesin roti mengikut susunan yang diberikan. Campurkan baki bahan dalam periuk dan kemudian panaskan sehingga suam (jangan mendidih).

b) Pindahkan ke loyang roti.

c) Tetapkan mesin kepada tetapan "roti putih" dan kemudian bakar seperti yang diarahkan oleh mesin roti.

16. Wafel kuasa protein

BAHAN-BAHAN:
- 6 biji telur besar
- 2 cawan keju kotej
- 2 cawan oat gulung kuno
- ½ sudu teh ekstrak vanila
- Secubit garam halal
- 3 cawan yogurt kosong tanpa lemak
- 1 ½ cawan raspberi
- 1 ½ cawan beri biru

ARAHAN:

a) Panaskan seterika wafel hingga sederhana tinggi. Minyakkan sedikit bahagian atas dan bawah seterika atau salut dengan semburan nonstick.

b) Satukan telur, keju kotej, oat, vanila, dan garam dalam pengisar dan kisar sehingga rata.

c) Tuangkan sedikit ½ cawan adunan telur ke dalam seterika wafel, tutup perlahan-lahan, dan masak sehingga perang keemasan dan garing, 4 hingga 5 minit.

d) Letakkan wafel, yogurt, raspberi dan beri biru ke dalam bekas penyediaan makanan.

17. Hash Sarapan Ukraine

BAHAN-BAHAN:
- 10 yukon emas atau kentang russet dicincang menjadi kiub
- 2 sudu besar baby dill segar, dicincang
- 1 biji bawang merah (sederhana) dihiris
- ⅔ cawan cecair sauerkraut diperah dan dicincang halus,
- 1 375 gram cincin dua sosej salai Ukraine, dihiris bulatan
- 2 ½ cawan cendawan dihiris
- 1 lada hijau dicincang
- 2 sudu besar minyak sayuran
- 3 sudu besar mentega
- 1 cawan keju kotej kering
- 2 ulas bawang putih ditumbuk d
- 1 sudu teh garam
- ½ sudu teh lada
- telur

ARAHAN:
a) Potong kentang menjadi kiub dan masak kentang ke dalam ketuhar gelombang mikro di atas pinggan/pinggan yang tidak bertutup selama kira-kira 15 minit atau sehingga garpu mudah menembusi kepingan kentang, tetapi ia masih bentuk padat/memegang.

b) Sementara itu: panaskan minyak dalam kuali/kuali besar hingga sederhana tinggi dan tumis kubassa/kielbasa selama 3-4 minit, kacau dan terbalikkan dengan kerap, kemudian angkat ke pinggan. Mengetepikan.

c) Tambah 1 sudu lagi minyak masak ke dalam kuali, kemudian tumis lada hijau, bawang besar dan bawang putih dengan sederhana rendah selama 5 minit. Masukkan cendawan dan masak selama 3-4 minit lagi. Ketepikan dalam mangkuk yang berasingan.

d) Masukkan mentega ke dalam kuali dan masak kentang, kacau dan terbalikkan selalu, selama 15 minit sehingga perang di luar dan lembut di dalam.

e) Kemudian masukkan campuran lada hijau/bawang ke dalam kuali, serta kubassa, sauerkraut, keju kotej kering, hidangan dan masak, kacau, selama lebih kurang 10 minit tambahan.

f) Jika menggunakan telur: masak telur mengikut citarasa anda dan letakkan di atas hash.

18. Sandwic Sarapan

BAHAN-BAHAN:
- 1 biji telur
- 1 sudu besar keju kotej kering
- ½ sudu teh dill
- 1 sudu besar krim masam
- ⅓ cawan dihiris kielbasa Ukraine
- 1 sudu teh mustard
- ½ sudu teh lobak pedas
- 1 biji muffin Inggeris gandum
- 2 hirisan tomato

ARAHAN:
a) Roti bakar muffin Inggeris.

b) Sembur bahagian dalam cawan kopi dengan semburan masak tidak melekat. Pecahkan telur ke dalam acuan dan masukkan keju kotej kering dan dill. Kacau perlahan-lahan seketika dan cuba untuk tidak memecahkan kuning telur.

c) Masukkan adunan telur ke dalam ketuhar gelombang mikro selama 30 – 40 saat (dengan penutup) atau sehingga telur ditetapkan. Longgarkan perlahan-lahan dengan menggunakan pisau antara bahagian dalam acuan dan telur.

d) Campurkan krim masam, lobak pedas dan mustard bersama-sama. Sapukan rata pada setiap sisi muffin Inggeris.

e) Teratas satu sisi muffin Inggeris dengan hirisan kielbasa dan perlahan-lahan luncurkan telur masak keluar dari cawan dan di atas kielbasa.

f) Masukkan hirisan tomato. Teratas dengan separuh lagi muffin Inggeris.

g) Hidangkan segera.

19. Babbka

BAHAN-BAHAN:
- 1 pek yis kering aktif
- secubit Gula
- ¼ cawan air suam
- ½ cawan mentega tanpa garam, cair
- ¼ cawan Gula
- 1½ sudu teh Garam
- 2 sudu teh ekstrak vanila
- ½ sudu teh ekstrak badam
- ¾ cawan susu suam
- 3 biji telur
- 4 cawan tepung serba guna yang tidak diluntur
- 2 sudu besar mentega tanpa garam, untuk memberus doh
- 3 sudu besar gula tepung vanila atau gula tepung
- 1½ cawan keju kotej kering
- ⅓ cawan Gula
- 1½ sudu besar Krim masam
- 1¼ sudu besar Tepung
- 1 setiap Telur
- 1 sudu kecil kulit lemon
- ½ sudu teh ekstrak vanila
- 3 sudu besar Kismis
- 2 sudu besar Cognac selama 1/2 jam

ARAHAN:
a) Taburkan yis dan gula ke atas air suam dalam mangkuk kecil dan kacau hingga larut. Biarkan sehingga berbuih, kira-kira 10 minit. Dalam mangkuk besar, satukan mentega, gula, garam, vanila, badam, susu, telur, dan 1 cawan tepung.

Pukul hingga sebati dengan whisk. Masukkan campuran yis. Pukul 3 minit atau sehingga rata.

b) Masukkan tepung, ½ cawan pada satu masa dengan sudu kayu sehingga doh lembut telah terbentuk. Balikkan doh ke atas permukaan yang ditaburi sedikit tepung dan uli sehingga licin dan selembut sutera, kira-kira 5 minit.

c) Pastikan doh kekal lembut. Masukkan ke dalam mangkuk yang telah digris, pusingkan sekali untuk mengoleskan bahagian atas, dan tutup dengan bungkus plastik. Biarkan naik di kawasan hangat sehingga mengembang dua kali ganda, kira-kira 1½ jam. Sementara itu satukan bahan inti dalam mangkuk, pukul hingga berkrim. Kempiskan doh perlahan-lahan, putar ke atas papan yang ditaburkan sedikit tepung dan gulung atau tepuk menjadi segi empat tepat 10 x 12 inci.

d) Berus dengan mentega cair. Sapukan dengan inti, tinggalkan sempadan ½ inci di sekeliling doh. Gulung jeli fesyen dan kelim picit. Pegang satu hujung, putar doh kira-kira 6 hingga 8 kali untuk membuat tali.

e) Bentukkan menjadi gegelung rata dan masukkan ke dalam acuan 10 hingga 12 cawan yang telah digris dengan baik. Cubit hujung bersama-sama dan laraskan doh supaya rata dalam kuali, tidak lebih daripada ⅔ penuh.

f) Tutup longgar dengan bungkus plastik dan biarkan sehingga sekata dengan bahagian atas kuali, kira-kira 45 minit. Bakar dalam ketuhar 350 darjah F. yang telah dipanaskan selama 40 hingga 45 minit, atau sehingga perang keemasan dan penguji kek keluar bersih. Akan ada bunyi hampa apabila diketuk. Biarkan selama 5 minit dalam kuali, kemudian pindahkan dari loyang ke rak untuk menyejukkan sepenuhnya.

g) Biarkan selama 4 jam atau semalaman, dibungkus dengan plastik sebelum dihiris. Taburkan dengan gula tepung atau sayukan gula tepung.

20. Lada Merah & Keju Kotej Frittatas

BAHAN-BAHAN:
- ½ lada benggala merah, potong dadu
- 2 telur jarak jauh UK besar (AS lebih besar).
- 4 sudu besar keju kotej
- 1 sudu besar keju Parmesan yang baru diparut
- 2 biji bawang besar (scallions), dihiris
- 2 sudu kecil pasli yang baru dicincang
- secubit buah pala yang baru diparut
- secubit lada hitam yang baru dikisar
- secubit garam laut (kosher).

ARAHAN:
a) Panaskan ketuhar kepada kipas 180C, 350F, Gas Mark 6.
b) Gris 2 ramekin kalis ketuhar dan letakkan di atas loyang.
c) Keluarkan biji dan empulur dari lada merah dan potong dadu. Hiris halus bawang besar (bawang besar). Potong pasli.
d) Pecahkan telur ke dalam mangkuk. Perasakan dengan garam laut (kosher), lada sulah dan parut buah pala dan pukul perlahan.
e) Lipat keju kotej, lada merah, daun bawang (bawang daun) dan pasli cincang. Bahagikan campuran antara ramekin dan taburkan di atas keju parmesan parut.
f) Bakar selama 18-20 minit atau sehingga set. Biarkan sejuk sedikit sebelum dikeluarkan dari loyang dan dihidangkan.
g) Ini boleh dimakan hangat atau disejukkan dan dibungkus ke dalam bekas tertutup untuk sarapan semasa dalam perjalanan.

21. Quiche makanan laut tanpa kerak

BAHAN-BAHAN:
- 4 biji telur
- 1 cawan krim masam
- 1 cawan keju kotej rendah lemak
- $\frac{1}{2}$ cawan keju Parmesan
- 4 sudu besar Tepung
- 1 sudu kecil serbuk bawang
- $\frac{1}{4}$ sudu teh Garam
- 4 auns cendawan dalam tin; dikeringkan
- $\frac{1}{2}$ paun keju bicu Monterey
- 8 auns salad udang
- 1 sudu kecil perahan lemon
- 1 sudu besar bahagian atas bawang hijau,
- 8 auns Ketam atau surimi
- 1 sudu kecil perahan lemon
- $\frac{1}{4}$ cawan badam yang dihiris
- $15\frac{1}{2}$ auns salmon merah dalam tin
- $\frac{1}{2}$ sudu teh rumpai Dill

ARAHAN:
a) Dalam pengisar satukan 7 bahan pertama. Kisar hingga sebati. Susun keju, makanan laut, cendawan dan perasa dalam hidangan quiche. Tuang bahan kisar habis.

b) Bakar 350 darjah F. selama 45 minit atau sehingga pisau yang dimasukkan ke tengah keluar bersih.

c) Biarkan 5 minit sebelum dipotong

22. Kaserol Sarapan Amish

BAHAN-BAHAN:
- 1/2 paun bacon
- 1/2 paun sarapan sosej
- 1/2 sudu teh garam
- 1/2 sudu kecil lada hitam
- 1/4 sudu teh serbuk bawang putih
- 1 sudu teh sos panas
- 2 biji kentang bakar besar, disejukkan dan dicincang
- 1 biji bawang kecil, dihiris halus
- 8 auns keju cheddar tajam, dicincang - dibahagikan
- 8 auns keju swiss, dicincang - dibahagikan
- 6 biji telur, dipukul sedikit
- 1 1/2 cawan keju kotej

ARAHAN:
a) Mulakan dengan memasak bacon dan sosej. Saya suka memasak daging saya di dalam ketuhar. Hanya alaskan lembaran pembakar berbingkai besar dengan kerajang, letakkan bacon di atas dulang pastikan kepingan tidak bersentuhan. Letakkan dulang bacon dalam ketuhar SEJUK di atas rak tengah.

b) Hidupkan ketuhar kepada 400 darjah dan biarkan bacon masak selama kira-kira 18-22 minit, atau sehingga bacon itu bagus dan garing.

c) Semasa daging masak, tumiskan sosej sehingga masak. Keluarkan dari kuali dan ketepikan sosej di atas pinggan beralas tuala kertas. Tumis bawang besar yang dipotong dadu dalam kuali yang sama. Anda juga boleh menumis sayur-sayuran lain yang anda ingin masukkan pada masa ini (lada benggala merah atau hijau, zucchini, cendawan, dll.).

d) Apabila bacon telah masak, berhati-hati keluarkan kuali dari ketuhar, dan pindahkan bacon ke dalam pinggan yang dialas dengan tuala kertas. Apabila bacon telah mempunyai beberapa minit untuk toskan, potong bacon dan sosej menjadi kepingan kecil bersaiz gigitan.

e) Dalam mangkuk besar gabungkan kentang yang dicincang dengan garam, lada hitam, serbuk bawang putih, dan sos panas. Kacau dalam keju kotej, dan semua kecuali 1/4-1/2 cawan setiap keju cheddar dan swiss (Anda akan menggunakan ini untuk bahagian atas).

f) Kacau dalam bacon dan sosej, tetapi pastikan anda menyimpan 1/4 cawan setiap satu untuk bahagian atas.

g) Seterusnya, kacau dalam mana-mana sayuran tumis.

h) Masukkan 6 biji telur yang telah dipukul sedikit.

i) Griskan kuali 9 x 13 inci, atau dua kuali yang lebih kecil jika anda mahu satu kaserol dimakan sekarang, dan satu lagi beku kemudian. Sapukan adunan dalam kuali. Teratas dengan keju, bacon dan sosej yang telah dikhaskan.

j) Pada ketika ini, jika anda membuat ini lebih awal, tutup kaserol dengan kerajang dan letakkan di dalam

k) peti ais. Kira-kira 30 minit sebelum anda membakarnya, keluarkan dari peti sejuk supaya ia boleh mula mencapai suhu bilik.

l) Jika anda bercadang untuk membuatnya dan membakarnya pada masa yang sama, panaskan ketuhar hingga 350 darjah.

m) Bakar kaserol selama 35-40 minit, atau sehingga semua keju cair dan menggelegak, dan kaserol telah disediakan di tengah. Anda boleh sama ada mengeluarkan kaserol dari ketuhar pada masa ini, atau hidupkan ayam pedaging anda dan panggang kaserol selama beberapa minit untuk memerang keju.

n) Biarkan kaserol sejuk selama beberapa minit, kemudian potong dan hidangkan.

KUDAPAN DAN PEMBUAT SELERA

23. Oren Sumbat Keju Kotej

BAHAN-BAHAN:
- 4 biji oren
- $\frac{1}{2}$ cawan keju kotej
- $\frac{1}{4}$ cawan cranberi kering
- $\frac{1}{4}$ cawan pistachio atau pecan cincang
- Madu untuk gerimis

ARAHAN:
a) Potong bahagian atas dan bawah setiap oren, mendedahkan isinya.
b) Potong bahagian dalam oren, pisahkan daging dari kulitnya.
c) Dalam mangkuk, gabungkan keju kotej, cranberi kering dan pistachio cincang.
d) Isikan setiap oren dengan campuran keju kotej.
e) Siramkan madu ke atas oren yang disumbat.
f) Hidangkan sejuk.

24. Empanada Bayam

BAHAN-BAHAN:
UNTUK PASTRY:
- 16 auns krim keju, dilembutkan
- $\frac{3}{4}$ cawan mentega, dilembutkan
- 2 $\frac{1}{2}$ cawan tepung
- $\frac{1}{2}$ sudu teh garam

UNTUK PENGISIAN:
- $\frac{1}{4}$ cawan bawang, dicincang halus
- 3 ulas bawang putih, dikisar
- 4 keping bacon, masak dan hancur
- 1 sudu besar bacon menitis
- 10 auns bayam, dibekukan, dicairkan dan toskan
- 1 cawan keju kotej
- $\frac{1}{4}$ sudu teh lada
- $\frac{1}{8}$ sudu teh buah pala yang dikisar
- 1 biji telur, dipukul

ARAHAN:
UNTUK PASTRY:
a) Dalam mangkuk adunan besar, pukul keju krim lembut dan mentega lembut sehingga sebati. Anda boleh menggunakan pengadun berdiri untuk ini, kerana campurannya berat.

b) Masukkan tepung dan garam secara beransur-ansur. Uli sedikit doh dengan tangan sehingga sebati.

c) Tutup doh dengan bungkus plastik dan sejukkan sekurang-kurangnya 3 jam.

UNTUK PENGISIAN:
d) Dalam kuali sederhana, masak bawang cincang dan bawang putih cincang dalam bacon menitis sehingga bawang lembut tetapi tidak perang.

e) Campurkan bacon yang telah hancur, bayam yang telah dicairkan dan ditoskan, keju kotej, lada, dan pala yang dikisar. Biarkan adunan sejuk.

PERHIMPUNAN:

f) Panaskan ketuhar anda hingga 450°F (230°C).

g) Canai pastri yang telah disejukkan di atas permukaan yang ditaburkan tepung dengan ketebalan $\frac{1}{8}$ inci.

h) Menggunakan pemotong bulat 3 inci, potong bulatan dari pastri.

i) Letakkan kira-kira 1 sudu teh inti yang disediakan pada satu sisi setiap bulatan pastri, hanya di luar tengah.

j) Basahkan tepi bulatan pastri dengan telur yang telah dipukul.

k) Lipat pastri separuh di atas inti, buat empanada separuh bulatan.

l) Tutup tepi dengan menekannya dengan garpu.

m) Gunakan garpu untuk mencucuk bahagian atas setiap pastri untuk membuat lubang.

n) Letakkan empanada pada lembaran pembakar tanpa minyak.

o) Sapu bahagian atas empanada dengan telur yang telah dipukul.

p) Bakar dalam ketuhar yang telah dipanaskan selama 10 hingga 12 minit atau sehingga ia bertukar menjadi perang keemasan.

q) Nikmati Empanada Bayam lazat anda!

25. Keropok Keju Kotej Asia

BAHAN-BAHAN:
- 400 gram keju kotej
- 200 gram tomato koktel
- 160 gram tepung
- 1 cawan selasih segar
- 1 cawan daun kucai segar
- 1 sudu besar minyak zaitun
- 1 sudu besar Asian Herbs
- Secubit garam laut kasar
- Secubit biji lada pelangi

ARAHAN:

a) Panaskan ketuhar anda kepada 200°C (392°F) untuk memastikan hasil yang terbaik untuk keropok anda.

b) Mulakan dengan membasuh tomato koktel, keluarkan jus dan bijinya, dan potong dadu halus. Hiris nipis selasih segar dan daun kucai.

c) Dalam mangkuk, gabungkan keju kotej, selasih segar dan daun kucai segar dengan tepung. Perasakan adunan dengan secubit Kotányi Sea Salt dan Rainbow Peppercorns mengikut citarasa anda. Masukkan 1 sudu besar Kotányi Asian Herbs dan kacau hingga sebati.

d) Alas dulang pembakar dengan kertas parchment dan siramkan dengan minyak zaitun. Bentuk adunan menjadi bulat dan letakkan di atas dulang. Bakar dalam ketuhar yang telah dipanaskan selama lebih kurang 8-10 minit. Ingatlah untuk pusingkan separuh masa memasak dan letakkan di atasnya dengan tomato yang dicincang halus.

26. Bebola daging pesta koktel

BAHAN-BAHAN:
- ¼ cawan Keju kotej tanpa lemak
- 2 putih telur
- 2 sudu teh sos Worcestershire
- ½ cawan Ditambah 2 sudu besar serbuk roti biasa
- 8 auns payudara ayam belanda yang dikisar
- 6 auns sosej Turki; dikeluarkan dari selongsong
- 2 sudu besar Bawang kisar
- 2 sudu besar Lada hijau cincang
- ½ cawan Potong pasli segar dan daun saderi

ARAHAN:
a) Sembur helaian biskut dengan semburan tidak melekat dan ketepikan.

b) Dalam mangkuk besar, kacau bersama keju kotej, putih telur, sos Worcestershire, dan ½ cawan serbuk roti. Kacau dalam dada ayam belanda, sosej ayam belanda, bawang, dan lada hijau.

c) Bentuk adunan ayam menjadi 32 bebola daging. Pada sehelai kertas lilin, gabungkan pasli, daun saderi, dan baki 2 sudu besar serbuk roti. Canai bebola daging dalam adunan pasli sehingga bersalut rata.

d) Pindahkan bebola daging ke lembaran biskut yang disediakan. Panggang 3 hingga 4 inci dari api selama 10 hingga 12 minit .

27. Keju kotej & Pinwheels nanas

BAHAN-BAHAN:
- 2 1 oz 30 g hirisan tanpa kerak Roti putih
- 2 sudu teh taburan rendah lemak.
- 2 auns 60 g Keju kotej rendah lemak Dengan nanas
- Badam atau kacang tanah tanpa garam dicincang halus

ARAHAN:
a) Tutup hirisan roti dengan rata dengan taburan rendah lemak.
b) Simpan 2 sudu kecil keju kotej dan bahagikan selebihnya antara roti yang merebak untuk menutup permukaan.
c) Gulung menjadi bentuk sosej
d) Tumbuk keju kotej yang dikhaskan dengan satu sudu teh sehingga halus dan kemudian ratakan sedikit ke bawah panjang sandwic yang digulung.
e) Bakar sedikit kacang cincang dan taburkannya di sepanjang gulungan. Hidangkan sekali gus.

28. Pencuci mulut zucchini goreng

BAHAN-BAHAN:
- 2 biji telur
- ⅔ cawan keju kotej rendah lemak
- 2 keping roti putih atau WW hancur
- 6 sudu teh Gula
- 1 sudu garam
- ½ sudu teh serbuk penaik
- 2 sudu teh minyak sayuran
- 1 sudu teh ekstrak vanila
- ½ sudu teh kayu manis tanah
- ¼ sudu teh pala tanah
- ⅛ sudu teh lada sulah yang dikisar
- 2 sudu besar Kismis
- 1 cawan Akhirnya zucchini yang dicincang tidak dikupas

ARAHAN:
a) Satukan semua bahan kecuali kismis dan zucchini. Kisar hingga sebati.
b) Tuang adunan ke dalam mangkuk.
c) Kacau zucchini dan kismis ke dalam campuran telur.
d) Panaskan kuali nonstick atau griddle di atas api yang sederhana tinggi.
e) Letakkan adunan ke atas griddle dengan sudu besar, buat kek 4 inci.
f) Putar goreng dengan berhati-hati apabila bahagian tepi kelihatan kering.

29. Dataran Souffle Keju Chile

BAHAN-BAHAN:

- 8 sudu besar mentega asli
- $\frac{1}{2}$ cawan tepung
- 1 sudu kecil serbuk penaik
- secubit garam
- 10 biji telur
- 7 auns tin empat cili hijau panggang, toskan
- 2 cawan keju kotej
- 1 paun keju jack Monterey, dicincang

ARAHAN:

a) Potong mentega menjadi kepingan besar dan masukkan ke dalam loyang 9×13.

b) Letakkan kuali di dalam ketuhar dan panaskan hingga 400 darjah.

c) Pukul bersama tepung, serbuk penaik, dan garam dalam mangkuk adunan yang besar.

d) Masukkan 1-2 biji telur dan pukul adunan hingga tiada ketul.

e) Masukkan baki telur dan pukul sehingga rata.

f) Masukkan cili hijau, keju kotej dan keju jack dan kacau sehingga sebati.

g) Keluarkan kuali dari ketuhar dan condongkan kuali supaya mentega menyalut seluruh kemudian berhati-hati tuangkan mentega ke dalam campuran telur dan kacau untuk menggabungkan.

h) Tuang semula adunan ke dalam kuali suam.

i) Apabila ketuhar telah dipanaskan, masukkan kuali ke dalam ketuhar dan masak selama 15 minit.

j) Kecilkan api kepada 350 dan masak selama 35-40 minit tambahan, atau sehingga bahagian atas berwarna keemasan dan sedikit perang.

k) Biarkan sejuk selama 10 minit sebelum dihiris menjadi empat segi dan dihidangkan.

30. Bayam gulung

BAHAN-BAHAN:

- 6 auns mi Lasagna, belum masak
- 10 auns Bayam, beku
- 1 cawan keju kotej rendah lemak 2%
- 2 sudu besar Parmesan, parut
- $\frac{3}{4}$ sudu teh Pala
- $\frac{1}{4}$ sudu teh Lada
- $\frac{1}{2}$ sudu teh kulit oren
- $\frac{1}{2}$ sudu besar ulas Bawang putih dikisar
- $\frac{1}{2}$ cawan Bawang besar dicincang
- 3 sudu besar minyak zaitun Extra Virgin
- $\frac{1}{2}$ sudu besar Basil, kering
- 16 auns Sos Tomato, dalam tin

ARAHAN:

a) Sementara 8 mee lasagna masak.
b) Campurkan bahan 2 hingga 7 untuk inti.
c) Sejukkan mee yang telah dimasak dan letakkan rata.
d) Sapukan dua atau tiga sudu besar inti pada mee yang telah dimasak, dan gulungkannya dari hujung ke hujung.
e) Berdiri dalam kaserol dua liter atau kuali persegi lapan inci yang digris.
f) Sediakan sos daripada bahan-bahan yang lain .
g) Tumis bawang putih dan bawang besar dalam minyak zaitun sehingga lembut.
h) Masukkan basil dan sos tomato. Kacau hingga sebati sepenuhnya.
i) Tuangkan ke atas mee lasagna dan bakar pada suhu 350 selama 20 minit.

31. Bar Keju Kotej Strawberi

BAHAN-BAHAN:
- 16 auns kadbod keju kotej
- 2 sudu besar tepung
- ¾ cawan gula
- 2 biji telur, dipukul sebati
- Kulit limau parut
- 2 sudu besar jus lemon
- ¼ cawan krim berat
- Secubit garam
- 2 sudu teh vanila
- ½ sudu teh buah pala
- ½ cawan kismis emas
- ½ cawan walnut cincang
- 1 cawan strawberi segar, dikupas dan dihiris ditambah lagi untuk hiasan
- Daun pudina, dua hiasan

ARAHAN:
a) Panaskan ketuhar anda hingga 350°F (175°C).
b) Sediakan hidangan pembakar dengan melincirkannya dengan semburan masak atau mentega.

SEDIAKAN PENGISIAN:
c) Dalam mangkuk besar, satukan keju kotej, tepung, gula, kulit lemon, jus lemon, krim pekat, garam, vanila, buah pala dan kismis emas.
d) Kacau sehingga semua bahan sebati.
e) Perlahan-lahan lipat hirisan strawberi segar ke dalam adunan. Strawberi akan menambah rasa buah-buahan pada bar.

BAKAR:

f) Tuangkan adunan ke dalam loyang yang telah disediakan dan ratakan.
g) Taburkan kacang cincang di atas.
h) Bakar selama kira-kira 45 minit, atau sehingga bar ditetapkan.
i) Setelah selesai membakar, anda boleh taburkan lebih banyak buah pala ke atas untuk menambah rasa.
j) Hiaskan dengan beberapa strawberi segar dan daun pudina.
k) Sejukkan sebelum dipotong.

32. Terung Sumbat

BAHAN-BAHAN:

- 4 biji terung kecil, dibelah dua memanjang
- 1 sudu teh jus limau segar
- 1 sudu teh minyak sayuran
- 1 bawang kecil, dicincang
- $\frac{1}{4}$ sudu teh bawang putih, dicincang
- $\frac{1}{2}$ tomato kecil, dicincang
- Garam dan lada hitam tanah, seperti yang diperlukan
- 1 sudu besar keju kotej, dicincang
- $\frac{1}{4}$ lada benggala hijau, dibiji dan dicincang
- 1 sudu besar pes tomato
- 1 sudu besar ketumbar segar, dicincang

ARAHAN:

a) Berhati-hati memotong hirisan dari satu sisi setiap terung secara memanjang.

b) Dengan sudu kecil, keluarkan daging dari setiap terung, tinggalkan kulit tebal.

c) Pindahkan daging terung ke dalam mangkuk.

d) Lumurkan terung dengan air limau nipis hingga rata.

e) Tekan butang UDARA OVEN MODE Ninja Foodi Digital Air Fryer Oven dan putar dail untuk memilih mod "Air Fry".

f) Tekan butang TIME/SLICES dan putar sekali lagi dail untuk menetapkan masa memasak kepada 3 minit.

g) Sekarang tekan butang TEMP/SHADE dan putar dail untuk menetapkan suhu pada 320 °F.

h) Tekan butang "Mula/Berhenti" untuk memulakan.

i) Apabila unit berbunyi bip untuk menunjukkan bahawa ia telah dipanaskan, buka pintu ketuhar.

j) Susun terung yang telah berlubang ke dalam bakul goreng udara yang telah digris dan masukkan ke dalam ketuhar.

k) Sementara itu, dalam kuali, panaskan minyak dengan api sederhana dan tumis bawang merah dan bawang putih selama kira-kira 2 minit.

l) Masukkan daging terung, tomato, garam, dan lada hitam dan tumis selama kira-kira 2 minit.

m) Masukkan keju, lada benggala, pes tomato, dan ketumbar dan masak selama kira-kira 1 minit.

n) Keluarkan kuali campuran sayuran dari api.

o) Apabila masa memasak selesai, buka pintu ketuhar dan susun terung yang telah dimasak di atas pinggan.

p) Sumbat setiap terung dengan campuran sayuran.

q) Tutup setiap satu dengan bahagian yang dipotong.

33. Cendawan Sumbat dengan Keju

BAHAN-BAHAN:
- 1 sudu besar mentega, dilembutkan
- 1 bawang merah, dicincang
- 2 ulas bawang putih, dikisar
- 1 ½ cawan keju kotej, pada suhu bilik
- 1/2 cawan keju Romano, parut
- 1 lada benggala merah, dicincang
- 1 lada benggala hijau, dicincang
- 1 lada jalapeno, dicincang
- 1/2 sudu teh selasih kering
- 1/2 sudu teh oregano kering
- 1/2 sudu teh rosemary kering
- 10 cendawan butang bersaiz sederhana, dibuang batangnya

ARAHAN:
a) Tekan butang "Tumis" untuk memanaskan Periuk Segera anda. Setelah panas, cairkan mentega dan tumis bawang merah sehingga lembut dan lut sinar.

b) Masukkan bawang putih dan masak lagi 30 saat atau sehingga naik bau. Sekarang, masukkan bahan-bahan yang tinggal, kecuali penutup cendawan, dan kacau untuk menggabungkan dengan baik.

c) Kemudian, isikan penutup cendawan dengan campuran ini.

d) Tambah 1 cawan air dan bakul pengukus ke dalam Periuk Segera anda. Susun cendawan sumbat dalam bakul pengukus.

e) Selamatkan tudung. Pilih mod "Manual" dan Tekanan tinggi; masak selama 5 minit. Setelah memasak selesai, gunakan pelepas tekanan pantas; keluarkan tudung dengan berhati-hati.

f) Susun cendawan yang disumbat di atas pinggan hidangan dan hidangkan. Nikmati!

34. Bebola Keju Kotej dengan Coklat Glaze

BAHAN-BAHAN:
- 500 gram keju kotej lemak
- 300 gram minyak kelapa
- 2 sudu besar. Malangnya
- 100 gram coklat gelap
- 50 ml krim

ARAHAN:

a) Dalam mangkuk adunan besar, satukan keju kotej dan kulit. Masukkan 200 gram minyak kelapa kacau sehingga adunan sebati warna.

b) Bebola kecil hendaklah dibentuk dan kemudian dibentangkan dalam bekas sebelum dibekukan selama 15 minit. Cairkan kepingan coklat dalam tab mandi air dengan api perlahan. 100 gram minyak kelapa dan krim perlu ditambah.

c) Masak selama 5 minit selepas kacau dalam jisim. Letakkan bebola keju kotej beku di dalam peti sejuk selama 25 minit selepas disalut dengan sayu coklat.

35. Bebola Bijan Keju Kotej

BAHAN-BAHAN:
- 16 auns keju petani atau keju kotej
- 1 cawan badam cincang halus
- 1 dan 1/2 cawan oatmeal

ARAHAN:
a) Dalam mangkuk besar, satukan campuran keju kotej, badam dan oat.
b) Buat bebola dan gulung dalam bijan gaul.

36. Biskut keju kotej

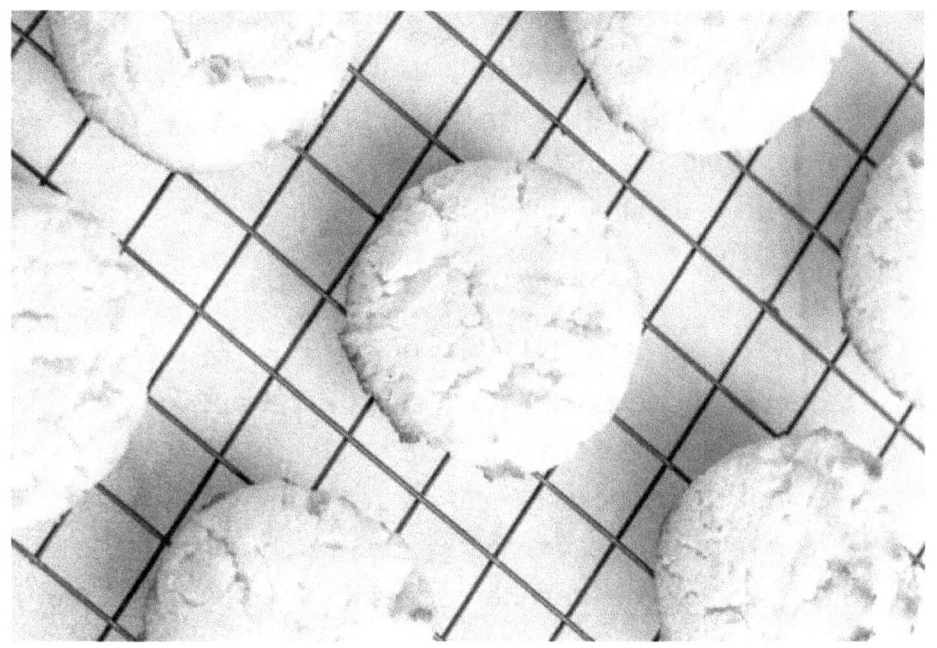

BAHAN-BAHAN:
- $\frac{1}{2}$ cawan Mentega atau pengganti mentega
- $1\frac{1}{2}$ cawan Tepung
- 2 sudu teh serbuk penaik
- $\frac{1}{2}$ cawan keju kotej
- $\frac{1}{2}$ cawan Gula
- $\frac{1}{2}$ sudu teh Garam

ARAHAN:

a) Krim mentega dan keju sehingga sebati. Ayak tepung, sukat dan ayak bersama gula, serbuk penaik, dan garam. Masukkan secara beransur-ansur kepada adunan pertama. Bentukkan menjadi roti. Sejukkan semalaman. Hiris nipis.

b) Letakkan di atas loyang yang telah disapu sedikit minyak. Bakar dalam ketuhar sederhana (400 F) 10 minit, atau sehingga perang halus.

37. Biskut oatmeal keju kotej

BAHAN-BAHAN:

- 1 cawan Tepung
- 1 sudu teh Garam
- ½ sudu teh baking soda
- 1 sudu teh Kayu Manis
- 1½ cawan Gula
- ½ cawan Molase
- 1 Pukul telur
- 1 sudu teh kulit lemon
- 1 sudu besar jus lemon
- ¾ cawan pemendekan cair
- ½ cawan keju kotej berkrim
- 3 cawan oat gulung cepat masak

ARAHAN:

a) Ayak bersama tepung, garam, baking soda dan kayu manis. Campurkan lima bahan seterusnya , kemudian masukkan adunan tepung yang telah diayak, shortening, dan keju kotej.

b) Blend dalam rolled oat. Titiskan sesudu kecil ke atas loyang yang telah digris dan bakar pada suhu 350-375 hingga masak.

38. Sous Vide Gigitan Telur

BAHAN-BAHAN:
- 1/2 sudu teh Garam
- 4 biji telur
- 4 keping bacon, dicincang
- 3/4 cawan keju Parmesan, parut
- 1/2 cawan keju kotej, parut
- 1/4 cawan krim berat
- 1 cawan Air

ARAHAN:

a) Hidupkan periuk segera, tekan butang 'sauté/simmer', tunggu sehingga panas dan masukkan bacon.

b) Masak daging cincang selama 5 minit atau lebih sehingga garing, pindahkan ke dalam pinggan yang dialas dengan tuala kertas, biarkan selama 5 minit dan kemudian hancurkan.

c) Pecahkan telur dalam mangkuk, perasakan dengan garam, masukkan keju dan krim dan gaul sehingga rata. Edarkan bacon yang telah hancur sama rata di antara acuan dulang silikon, digris dengan minyak, kemudian tuangkan adunan telur sehingga 3/4 penuh dan tutup dulang dengan kerajang.

d) Tekan butang 'keep warm', tuangkan air ke dalam periuk segera, kemudian masukkan trivet stand dan letakkan dulang silikon di atasnya.

e) Tutup periuk segera dengan penutupnya dalam kedudukan tertutup, kemudian tekan butang 'stim', tekan '+/-' untuk menetapkan masa memasak kepada 8 minit dan masak pada tetapan tekanan tinggi; apabila tekanan membina dalam periuk, pemasa memasak akan bermula.

f) Apabila periuk segera berdengung, tekan butang 'keep warm', lepaskan tekanan secara semula jadi selama 10 minit, kemudian lakukan pelepasan tekanan cepat dan buka penutup. Keluarkan dulang, buka tutupnya dan terbalikkan kuali ke atas pinggan untuk mengeluarkan gigitan telur.

39. Balak saderi

BAHAN-BAHAN:
- 1 lobak merah, dicincang
- $\frac{1}{4}$ cawan kismis
- $\frac{1}{2}$ cawan keju kotej rendah lemak
- 6 batang saderi, potong 3 inci

ARAHAN:
a) Dalam mangkuk kecil, campurkan bersama lobak merah, kismis, dan keju kotej.
b) Potongan saderi atas dengan campuran.

40. Cendawan Sumbat Keju Kotej

BAHAN-BAHAN:
- 12 cendawan besar, dibersihkan dan dibuang batangnya
- 1 cawan keju kotej
- 1/4 cawan keju mozzarella parut
- 2 sudu besar pasli segar, dicincang
- 1/2 sudu teh serbuk bawang putih
- Garam dan lada sulah secukup rasa

ARAHAN:
a) Panaskan ketuhar anda kepada 375°F (190°C).
b) Dalam mangkuk, satukan keju kotej, keju mozzarella, pasli cincang dan serbuk bawang putih.
c) Perasakan dengan garam dan lada sulah, ikut selera.
d) Sumbat setiap penutup cendawan dengan campuran keju kotej.
e) Letakkan cendawan yang disumbat pada lembaran penaik.
f) Bakar selama 15-20 minit atau sehingga cendawan lembut dan keju cair dan keemasan.
g) Hidangkan panas sebagai pembuka selera atau ulam yang lazat.

41. Celupkan Keju Kotej dan Bayam

BAHAN-BAHAN:
- 1 cawan keju kotej
- 1 cawan bayam segar, dicincang halus
- 1/4 cawan parut keju Parmesan
- 2 ulas bawang putih, dikisar
- 1 sudu teh jus lemon
- Garam dan lada sulah secukup rasa

ARAHAN:
a) Dalam pemproses makanan, gabungkan keju kotej, bayam cincang, keju Parmesan parut, bawang putih cincang dan jus lemon.
b) Kisar sehingga adunan sebati.
c) Perasakan dengan garam dan lada sulah, ikut selera.
d) Pindahkan celup ke dalam mangkuk hidangan.
e) Hidangkan dengan sayur-sayuran segar, keropok, atau roti pita.

SANDWICH, WRAP DAN BURGER

42. Burger kambing Moroccan dan harissa

BAHAN-BAHAN:
- 500g kambing cincang
- 2 Sudu besar pes harissa
- 1 sudu besar biji jintan manis
- 2 tandan lobak pusaka
- ½ tandan pudina, daun dipetik
- 1 sudu besar cuka wain merah
- 80g keju Leicester merah, parut kasar
- 4 biji roti brioche, belah
- ⅓ cawan (65g) keju kotej

ARAHAN:
a) Alas dulang pembakar dengan kertas pembakar. Letakkan cincang dalam mangkuk dan perasakan dengan murah hati. Tambah 1 sudu besar harissa dan, dengan tangan yang bersih, gaul rata.

b) Bentuk campuran kambing menjadi 4 patties dan taburkan dengan biji jintan. Letakkan di atas dulang yang telah disediakan, tutup, dan sejukkan sehingga diperlukan (bawa patties ke suhu bilik sebelum memasak).

c) Sementara itu, satukan lobak merah, pudina, dan cuka dalam mangkuk dan ketepikan untuk memerap sedikit.

d) Panaskan kuali barbeku atau chargrill pada api sederhana tinggi. Patty panggang selama 4-5 minit pada setiap sisi atau sehingga kerak yang baik terbentuk. Teratas dengan keju, kemudian tutup (gunakan foil jika menggunakan kuali chargrill) dan masak, tanpa diputar, selama 3 minit lagi atau sehingga keju cair dan patties masak.

e) Bakar roti brioche, potong ke bawah, selama 30 saat atau sehingga dibakar ringan. Bahagikan keju kotej di antara asas bun, kemudian atas dengan campuran lobak merah jeruk.

f) Masukkan patties dan baki 1 sudu besar harissa. Tutup penutup, picit supaya harissa meleleh ke bahagian tepi dan tersangkut.

43. Swiss chard bruschetta

BAHAN-BAHAN:
- ½ paun Chard Swiss Merah
- 4 ulas bawang putih, dikisar
- Semburan masak minyak zaitun nonstick
- 2 sudu besar Air
- 1 sudu besar Dill cincang
- Garam dan lada
- ½ cawan keju kotej tanpa lemak
- 24 keping roti Perancis, dibakar
- 2 sudu kecil Mentega
- ½ cawan serbuk roti segar

ARAHAN:

a) Keluarkan tangkai dari chard dan potong ½ inci. Potong daun menjadi kepingan 2 inci.

b) Tumis tangkai chard cincang dan 2 ulas bawang putih dalam kuali yang disembur dengan semburan masak nonstick dengan api sederhana selama 1 minit.

c) Tambah air, kecilkan api, dan reneh, ditutup, sehingga lembut, kira-kira 10 minit.

d) Kacau dalam daun chard yang dicincang dan masak dengan api yang tinggi sehingga layu, 1 hingga 2 minit.

e) Kecilkan api, tutup dan reneh selama 10 minit lagi.

f) Keluarkan dari haba dan kacau dalam dill. Perasakan dengan garam dan lada sulah secukup rasa. Mengetepikan.

g) Tulen keju kotej dalam pengisar atau pemproses makanan sehingga halus.

h) Masukkan garam secukup rasa. Cairkan mentega dalam kuali kecil dengan api sederhana rendah.

i) Masukkan baki 2 ulas bawang putih dan tumis, kacau, sehingga lembut tetapi tidak keperangan, kira-kira 1 minit.

j) Kacau dalam serbuk roti untuk disalut dengan bawang putih dan mentega dan masak, kacau, sehingga perang, 1 hingga 2 minit.

k) Sapukan kira-kira 1 sudu teh keju kotej tulen pada setiap keping roti bakar.

l) Teratas dengan kira-kira 1 sudu besar chard, kemudian taburkan dengan serbuk roti panggang.

44. Sandwic Paneer Bhurji

BAHAN-BAHAN:

- ½ sudu teh Cili Hijau, dicincang
- 1 ½ sudu besar Ketumbar Segar, dicincang
- 4 Keping Roti
- ½ cawan Keju Kotej
- 2 sudu besar tomato
- ¼ sudu teh Serbuk Lada
- Secubit Serbuk Kunyit
- ¼ sudu teh biji jintan manis
- garam
- 1 ½ sudu teh Mentega Jelas

ARAHAN:

a) Dalam kuali, panaskan minyak sapi atau minyak dan masukkan biji jintan manis.

b) Apabila biji mula berkerak, masukkan cili hijau dan kacau.

c) Masukkan tomato cincang selama beberapa saat, atau sehingga ia lembut.

d) Campurkan kunyit dan paneer.

e) Masukkan serbuk lada sulah, dan garam, dan kacau selama beberapa saat.

f) Campurkan ketumbar cincang dalam kuali.

g) Sapukan mentega pada satu sisi setiap roti.

h) Letakkan hirisan di atas panggangan dan sapukan separuh daripada pemadat paneer di atasnya.

i) Tutup dengan sekeping roti lagi, mentega bahagian atas, dan panggang sehingga kekuningan.

j) Keluarkan dari panggangan dan potong kepada dua bahagian.

45. Burrito daging lembu & keju

BAHAN-BAHAN:

- 4 auns daging lembu, tanpa lemak
- 4 bawang hijau, dihiris
- 1 ulas Bawang Putih, dikisar
- $\frac{1}{2}$ cawan Salsa
- $\frac{1}{2}$ cawan keju kotej rendah lemak
- 1 sudu teh Tepung jagung
- $\frac{1}{4}$ sudu teh oregano kering. hancur
- 2 tortilla tepung, 6 inci
- $\frac{1}{4}$ cawan keju Mozzarella, dicincang

ARAHAN:

a) Masak daging lembu, bawang besar, dan bawang putih dalam periuk kecil sehingga daging lembu tidak lagi merah jambu dan bawang lembut. Toskan tong.

b) Satukan 2T salsa, keju kotej, tepung jagung dan oregano. Masukkan ke dalam campuran daging dalam periuk.

c) Masak dan kacau hingga pekat dan berbuih. Masak dan kacau selama 2 minit lagi.

d) Bahagikan campuran daging antara tortilla; menggulung. Tutup dan simpan hangat. Dalam periuk yang sama, panaskan salsa yang tinggal. Tuangkan ke atas burrito. Teratas dengan keju.

46. Epal panggang pada Muffin Sourdough

BAHAN-BAHAN:
- 1 epal kecil Red Delicious
- ½ cawan keju kotej
- 3 sudu besar Bawang ungu Dihiris Halus
- 2 keping muffin Inggeris masam, belah dan bakar
- ¼ cawan keju biru hancur

ARAHAN:
a) Dalam mangkuk kecil, gabungkan keju kotej dan bawang dan kacau dengan teliti.

b) Pada setiap separuh muffin, sapukan kira-kira 2 sudu teh campuran keju kotej.

c) Letakkan 1 cincin epal di atas setiap cawan muffin; sama, taburkan keju biru yang telah hancur di atas cincin epal.

d) Letakkan di atas kuali dan panggang selama 1-12 minit, atau sehingga keju biru cair, 3 inci dari api.

47. Chipotle Cheddar Quesadilla

BAHAN-BAHAN:
- 4 Tortilla
- 2 cawan keju kotej
- 2 cawan keju Cheddar, dicincang)
- 1 lada benggala merah, dihiris nipis)
- 1 cawan cendawan Portobello, dihiris nipis
- 2-3 sudu besar perasa Chipotle
- Salsa ringan (untuk mencelup)

ARAHAN:
a) Masukkan lada benggala (dihiris, merah), dan cendawan (dihiris) ke dalam kuali pemanggang besar di atas api sederhana.

b) Masak lebih kurang 10 minit sehingga lembut. Angkat kemudian pindahkan ke dalam mangkuk (medium). Mengetepikan.

c) Masukkan perasa chipotle dan keju kotej dalam mangkuk kecil. Kacau rata untuk sebati.

d) Letakkan tortilla pada kuali panggangan dan tuangkan campuran sayuran ke atas tortilla.

e) Taburkan adunan keju kotej di atas dan kemudian atasnya menggunakan keju cheddar (dicincang).

f) Letakkan tortilla tambahan di atas bahagian atas inti.

g) Masak selama kira-kira 2 minit dan kemudian balik dan teruskan memasak selama satu minit lagi.

h) Ulangi proses dengan baki tortilla dan inti.

i) Hidangkan segera dengan salsa (ringan).

HIDANGAN UTAMA

48. Epal panggang dan keju

BAHAN-BAHAN:
- 1 kecil Epal Merah Sedap
- $\frac{1}{2}$ cawan 1% keju kotej rendah lemak
- 3 sudu besar Bawang ungu dicincang halus
- 2 Sourdough English muffins, belah dan bakar
- $\frac{1}{4}$ cawan Keju biru hancur

ARAHAN:
a) Epal inti, dan potong bersilang ke dalam cincin 4 ($\frac{1}{4}$ inci); mengetepikan.

b) Satukan keju kotej dan bawang dalam mangkuk kecil, dan kacau rata. Sapukan kira-kira 2-$\frac{1}{2}$ sudu besar campuran keju kotej pada setiap separuh muffin.

c) Teratas setiap separuh muffin dengan 1 cincin epal; taburkan keju biru yang hancur rata di atas cincin epal. Letakkan di atas loyang.

d) Panggang 3 inci dari api selama 1-$\frac{1}{2}$ minit atau sehingga keju biru cair.

49. Ravioli keju dengan rosemary dan lemon

BAHAN-BAHAN:
- 1 pek (16 auns) keju ravioli
- 1 cawan keju kotej tanpa lemak
- $\frac{1}{2}$ cawan susu skim sejat
- 1 sudu teh rosemary kering
- $\frac{1}{4}$ sudu teh Garam
- $\frac{1}{4}$ sudu teh lada hitam yang baru dikisar
- 2 sudu teh jus lemon segar
- $\frac{1}{4}$ cawan Parmesan yang dicincang halus
- 3 sudu besar Daun kucai segar yang dihiris
- 1 sudu kecil kulit limau yang dicincang halus
- hirisan lemon; pilihan

ARAHAN:
a) Masak pasta mengikut bungkusan. Toskan dan ketepikan.
b) Jika perlu, tutup supaya tetap hangat.
c) Sementara itu, dalam pengisar atau pemproses makanan, kisar atau proses keju kotej, susu, rosemary, garam, dan lada sehingga halus. Ketepikan campuran keju kotej.
d) Satukan keju Parmesan, kucai, dan kulit lemon.
e) Toskan ravioli dan pindahkan ke mangkuk. Tuangkan jus lemon ke atas ravioli panas dan toskan perlahan-lahan. Kemudian tuangkan adunan keju kotej di atas dan toskan perlahan-lahan sehingga bersalut.
f) Untuk menghidangkan, pindahkan ravioli ke dalam pinggan.
g) Taburkan campuran keju-kucai-lemon di atas setiap hidangan. Jika mahu, hidangkan bersama hirisan lemon.

50. lasagna ravioli

BAHAN-BAHAN:

- 1 pek ravioli keju beku
- 20 auns keju kotej
- 2 biji telur
- 10 auns bayam beku
- 2 cawan keju Mozzarella; dicincang
- ½ cawan keju Parmesan; parut
- 1 sudu teh perasa Itali atau perasa Pizza
- Sos spageti dengan daging

ARAHAN:

a) Sediakan sos spageti kegemaran anda dengan daging.

b) Campurkan keju kotej, perasa, telur, keju Parmesan, bayam, dan 1 cawan keju mozzarella.

c) Dalam hidangan penaik segi empat tepat yang besar, sos lapisan, separuh ravioli, separuh campuran keju, satu lagi lapisan sos, separuh lagi ravioli, baki campuran keju, dan akhiri dengan lapisan sos.

d) Bakar pada suhu 300 darjah selama lebih kurang 30 minit.

e) Letakkan baki keju mozzarella di atas dan kembalikan ke ketuhar sehingga keju cair.

51. Pai Lasagna Carbquik

BAHAN-BAHAN:

- ½ cawan keju kotej
- ¼ cawan keju Parmesan parut
- 1 paun daging lembu kisar, perang dan toskan
- 1 cawan keju mozzarella yang dicincang, dibahagikan
- 1 sudu teh oregano kering
- ½ sudu teh selasih kering
- 6 auns pes tomato
- 1 cawan Carb Countdown 2%
- 2 biji telur besar
- ⅔ cawan Carbquik
- 1 sudu teh garam
- ¼ sudu teh lada

ARAHAN:

a) Panaskan ketuhar anda kepada 400°F (375°F jika menggunakan hidangan pembakar kaca). Griskan kuali persegi 8 inci dan ketepikan.

b) Lapiskan keju kotej dan keju Parmesan parut dalam kuali yang disediakan.

c) Dalam mangkuk adunan, satukan daging lembu yang telah dimasak, ½ cawan keju mozzarella, oregano kering, selasih kering (atau perasa Itali), dan pes tomato. Sudukan adunan ini secara rata ke atas lapisan keju.

d) Dalam mangkuk lain, pukul bersama susu, telur, Carbquik, garam dan lada sulah sehingga adunan sebati. Anda boleh menggunakan pengisar di atas selama 15 saat atau pemukul tangan selama 1 minit.

e) Tuangkan campuran telur dan Carbquik ke dalam kuali di atas lapisan daging lembu dan keju.

f) Bakar dalam ketuhar yang telah dipanaskan sehingga pai berwarna perang keemasan dan pisau yang dimasukkan di tengah keluar bersih, yang sepatutnya mengambil masa kira-kira 30 hingga 35 minit.

g) Taburkan baki keju mozzarella di atas dan biarkan pai berdiri selama 5 minit sebelum dihidangkan.

h) Nikmati Pai Lasagna anda, hidangan rendah karbohidrat dan lazat yang mengingatkan lasagna klasik!

52. Lasagna dalam Mug

BAHAN-BAHAN:
- 2 helai pasta lasagna, sedia untuk dihidangkan
- 6 auns Air
- 1 sudu teh minyak zaitun atau semburan masak
- 3 sudu besar sos pizza
- 4 sudu besar Ricotta atau keju kotej
- 3 sudu besar Bayam
- 1 sudu besar keju Cheddar
- 2 sudu besar sosej masak

ARAHAN:
a) Pecahkan kepingan lasagna dan letakkannya dengan betul di dalam acuan.
b) Sembur dengan minyak zaitun, elakkan melekat.
c) Tutup lasagna dengan air.
d) Masak selama 4 minit dalam ketuhar gelombang mikro atau sehingga pasta kelihatan lembut.
e) Keluarkan air dan ketepikan pasta.
f) Dalam mug yang sama, masukkan **sos** pizza dan sedikit pasta dalam mug.
g) Masukkan bayam, ricotta, dan sosej ke dalam lapisan.
h) Taburkan keju cheddar di atasnya.
i) Teruskan lapisan lagi bermula dengan pasta.
j) Letakkan dalam ketuhar gelombang mikro dan tutup dengan penutup yang selamat untuk microwave.
k) Masak dalam microwave selama 3 minit.
l) Biarkan sejuk selama 2 minit dan nikmati.

53. Focaccia al formaggio

BAHAN-BAHAN:

- 1 paun Loaf doh roti beku; dicairkan
- 1 biji telur
- 1 cawan keju kotej
- 2 sudu besar Parmesan
- $\frac{1}{2}$ sudu teh selasih kering
- $\frac{1}{2}$ sudu teh daun oregano kering
- $\frac{1}{4}$ sudu teh garam bawang putih
- $\frac{1}{4}$ sudu teh Lada
- $\frac{3}{4}$ cawan sos pizza yang disediakan
- 3 auns Mozzarella

ARAHAN:

a) Bahagikan doh roti kepada separuh. Tekan dan regangkan separuh ke dalam loyang 13x9" yang telah digris, tolak doh ke atas untuk membentuk rim cetek. Dalam mangkuk pukul telur, kacau dalam baki bahan kecuali sos pizza dan mozzarella.

b) Sapukan rata ke atas doh. Regangkan separuh doh yang tinggal untuk muat kuali, letakkan di atas inti dan tekan tepi doh untuk mengelak sepenuhnya. Biarkan mengembang di tempat yang hangat sehingga mengembang dua kali ganda kira-kira 1 jam.

c) Sapukan sos pizza secara rata di atas doh roti, taburkan dengan mozzarella.

d) Bakar 375, 30 minit sehingga bahagian tepi berkerak dan keju cair.

e) Sejukkan 5 minit. Potong segi empat sama.

54. Daging Turki Cheesy

BAHAN-BAHAN:
- 2 biji telur
- 1 paun keju mozzarella, potong kiub
- 2 paun ayam belanda tanah
- 2 sudu teh perasa Itali
- $\frac{1}{4}$ cawan pesto selasih
- $\frac{1}{2}$ cawan keju parmesan, parut
- $\frac{1}{2}$ cawan sos marinara, tanpa gula
- 1 cawan keju kotej
- 1 sudu teh garam

ARAHAN:

a) Letakkan rak di kedudukan bawah dan tutup pintu. Pilih mod bakar, tetapkan suhu kepada 390 °F dan tetapkan pemasa kepada 40 minit. Tekan dail tetapan untuk memanaskan.

b) Sapukan pinggan mangkuk dengan mentega dan ketepikan.

c) Masukkan semua bahan ke dalam mangkuk besar dan gaul sehingga sebati.

d) Pindahkan adunan ke dalam pinggan kaserol.

e) Setelah unit dipanaskan, buka pintu, letakkan pinggan mangkuk di atas rak, dan tutup pintu.

f) Hidangkan dan nikmati.

55. Lasagna Pai Kotej Inggeris

BAHAN-BAHAN:
- 9 mi lasagna
- 1 paun daging lembu kisar
- 1 bawang, dicincang
- 2 lobak merah, dicincang halus
- 1 cawan kacang pea beku
- 2 ulas bawang putih, dikisar
- 1 sudu besar sos Worcestershire
- 1 sudu teh thyme kering
- 1 sudu teh rosemary kering
- ½ sudu teh garam
- ¼ sudu teh lada hitam
- 2 cawan kentang tumbuk
- 1 cawan keju cheddar yang dicincang

ARAHAN:
a) Panaskan ketuhar anda hingga 375°F (190°C) dan sapukan sedikit minyak pada loyang bersaiz 9x13 inci.

b) Masak mi lasagna mengikut arahan pakej. Toskan dan ketepikan.

c) Dalam kuali besar, masak daging lembu yang dikisar, bawang cincang, lobak merah yang dicincang, kacang polong beku, dan bawang putih cincang sehingga daging lembu berwarna perang dan sayur-sayuran lembut. Toskan sebarang gris berlebihan.

d) Masukkan sos Worcestershire, thyme kering, rosemary kering, garam dan lada hitam. Berenang selama 10 minit.

e) Sapukan lapisan nipis campuran daging di bahagian bawah hidangan pembakar. Letakkan tiga mi lasagna di atas.

f) Sapukan lapisan kentang tumbuk di atas mi, diikuti dengan lapisan campuran daging.

g) Ulangi lapisan dengan tiga mi lasagna, kentang tumbuk, dan campuran daging.

h) Teratas dengan baki tiga mee lasagna dan taburkan keju cheddar yang dicincang di atasnya.

i) Bakar selama 25 minit sehingga keju cair dan berbuih. Biarkan ia sejuk selama beberapa minit sebelum dihidangkan.

56. Lasagna kacang

BAHAN-BAHAN:

- 1 sudu besar Minyak Sayur
- 1 cawan Bawang besar yang dihiris
- 3 ulas bawang putih, cincang
- 14 auns boleh sos tomato
- 1 tin kecil Pes Tomato
- 3 sudu besar Oregano
- 2 sudu besar Basil
- ½ sudu teh Paprika
- 1½ cawan Kacang Campur
- 1½ cawan Keju Kotej Rendah Lemak
- 2 cawan Mozzarella Rendah Lemak [Parut]
- 1 biji telur
- 8 Biji Lasagna [dimasak]
- 1 sudu kecil Daun Ketumbar [dicincang]
- 2 sudu besar Keju Parmesan

ARAHAN:

a) Rendam kacang selama empat hingga lapan jam. Tutup dengan air dalam periuk dan masak kacang sehingga mendidih. Berenang selama 30 - 40 minit. Panaskan minyak, tumis bawang merah dan bawang putih hingga layu.

b) Masukkan sos tomato, pes tomato, oregano, basil, paprika, dan masak, toskan, kacang. Didihkan, kecilkan api, dan reneh selama 8 - 10 minit.

c) Masukkan daun ketumbar.

d) Panaskan ketuhar hingga 325 F.

e) Satukan keju kotej, mozzarella dan telur. Dalam kuali lasagna yang telah digris letakkan lapisan mi, lapisan campuran kacang, dan lapisan campuran keju.

f) Teruskan, berselang-seli mi, kacang, dan keju, diakhiri dengan lapisan keju di atasnya.
g) Taburkan keju Parmesan di atas lapisan atas.
h) Bakar selama 40 minit pada 325 F.

57. Lasagna Pepperoni

BAHAN-BAHAN:
- ¾ lb. daging lembu kisar
- ¼ sudu teh lada hitam dikisar
- ½ lb. salami, dicincang
- 9 mi lasagna
- ½ lb. sosej pepperoni, dicincang
- 4 cawan keju mozzarella yang dicincang
- 1 biji bawang, dikisar
- 2 cawan keju kotej
- 2 (14.5 auns) tin tomato rebus
- 9 keping keju Amerika putih
- 16 auns sos tomato
- keju Parmesan parut
- 6 auns pes tomato
- 1 sudu kecil serbuk bawang putih
- 1 sudu teh oregano kering
- ½ sudu teh garam

ARAHAN:
a) Goreng pepperoni, daging lembu, bawang, dan salami selama 10 minit. Keluarkan minyak berlebihan. Masukkan semuanya ke dalam periuk perlahan anda dengan sedikit lada, sos tomato dan pes, garam, tomato rebus, oregano dan serbuk bawang putih selama 2 jam.

b) Hidupkan ketuhar anda kepada 350 darjah sebelum meneruskan.

c) Rebus lasagna anda dalam air garam sehingga al dente selama 10 minit, kemudian keluarkan semua air.

d) Dalam hidangan pembakar anda, sapukan salutan ringan sos kemudian lapiskan: ⅓ mi, 1 ¼ cawan mozzarella, ⅔

Cawan keju kotej, hirisan keju Amerika, 4 sudu teh parmesan, ⅓ daging. Teruskan sehingga hidangan penuh.
e) Masak selama 30 Minit.

58. Linguine dengan Sos Keju

BAHAN-BAHAN:
- ½ cawan yogurt rendah lemak biasa
- 1 biji telur mentah
- ⅓ cawan 99% keju kotej tanpa lemak
- Garam atau garam berperisa mentega
- Lada
- ½ sudu teh oregano atau perasa pizza
- 3 auns keju Swiss, dicincang kasar
- ⅓ cawan pasli cincang segar

ARAHAN:

a) Di atas linguine panas, cepat kacau yogurt, kemudian telur untuk pekat.

b) Kemudian kacau bahan-bahan yang tinggal.

c) Letakkan periuk di atas api yang sangat perlahan sehingga keju cair.

59. Pai Kotej Desa

BAHAN-BAHAN:

- Kentang Yukon Gold, dikupas dan dipotong dadu
- 2 sudu besar marjerin vegan
- 1/4 cawan susu soya tanpa gula biasa
- Garam dan lada hitam yang baru dikisar
- 1 sudu besar minyak zaitun
- 1 bawang kuning sederhana, dicincang halus
- 1 lobak merah sederhana, dicincang halus
- 1 rusuk saderi, dicincang halus
- 12 auns seitan , dicincang halus
- 1 cawan kacang pea beku
- 1 cawan biji jagung beku
- 1 sudu teh gurih kering
- 1/2 sudu teh thyme kering

ARAHAN:

a) Dalam periuk air masin mendidih, masak kentang sehingga empuk, 15 hingga 20 minit.

b) Toskan dengan baik dan kembalikan ke dalam periuk. Masukkan marjerin, susu soya, dan garam dan lada sulah secukup rasa.

c) Tumbuk kasar dengan tumbuk kentang dan ketepikan. Panaskan ketuhar hingga 350°F.

d) Dalam kuali besar, panaskan minyak dengan api sederhana. Masukkan bawang besar, lobak merah dan saderi.

e) Tutup dan masak sehingga lembut, kira-kira 10 minit. Pindahkan sayur-sayuran ke dalam loyang 9 x 13 inci. Masukkan seitan, sos cendawan, kacang polong, jagung, pedas dan thyme.

f) Perasakan dengan garam dan lada sulah secukup rasa dan ratakan adunan dalam loyang.

g) Teratas dengan kentang tumbuk, ratakan ke tepi loyang. Bakar sehingga kentang keperangan dan intinya berbuih kira-kira 45 minit.

h) Hidangkan segera.

60. Primavera pasta Margarita

BAHAN-BAHAN:
- 1 cawan keju kotej rendah lemak
- 1 sudu besar jus lemon segar
- 8 auns Spaghetti Nipis
- 1 sudu besar minyak sayuran yang boleh diterima
- $\frac{1}{4}$ cawan daun bawang dicincang
- $\frac{1}{2}$ cawan bawang cincang
- 1 ulas bawang putih, dikisar
- $\frac{1}{4}$ sudu teh lada hitam yang baru dikisar,
- Atau dua kunci
- 2 cawan cendawan segar yang dihiris
- 1 cawan lada benggala hijau dihiris
- $1\frac{1}{2}$ cawan lobak merah yang dihiris
- 10 auns beku tanpa garam ditambah
- Brokoli dikukus

ARAHAN:
a) Toskan sebarang cecair dari keju kotej. Dalam mangkuk, satukan keju kotej dan jus lemon. Mengetepikan.
b) Sediakan spageti mengikut bungkusan, tinggalkan garam.
c) Toskan dengan teliti.
d) Sementara itu, panaskan minyak dalam kuali dengan api sederhana tinggi. Masukkan daun bawang, bawang besar, bawang putih, dan lada hitam dan tumis 1 minit4. Masukkan cendawan dan kacau selama 1 minit. Kemudian masukkan lada benggala, lobak merah, dan brokoli dan kacau selama 3-4 minit lagi. Mengetepikan.
e) Dalam mangkuk lain, toskan adunan spageti dan keju kotej hingga rata. Teratas dengan sayur tumis.

61. Monterey Jack Souffle

BAHAN-BAHAN:
- 1 paun sosej, masak
- 2 Cawan Monterey Jack Cheese dicincang
- 3 Cawan Keju Cheddar tajam, dicincang
- 1 Cawan Keju Mozzarella dicincang
- ½ Cawan Susu
- 1 ½ Cawan Tepung
- 1 ½ Cawan keju kotej
- 9 biji telur dipukul perlahan
- ⅓ Cawan Mentega cair
- 1 tin Green Chiles kecil, dipotong dadu

ARAHAN:
a) Sapukan ½ daripada mentega cair dalam kuali 9x13.
b) Dalam mangkuk besar, satukan bahan-bahan yang tinggal dan kacau rata.
c) Tuang ke dalam loyang 9x13.
d) Bakar pada suhu 375 selama 50 minit atau sehingga kekuningan dan pisau yang dimasukkan keluar bersih.

62. Ayam dan Keju Kotej

BAHAN-BAHAN:
- 2 paun ayam keseluruhan, dipotong menjadi kepingan
- 3 auns susu penuh lemak
- 1 sudu teh jus lemon segar
- 1/2 sudu teh halia segar, parut
- 2 ulas bawang putih, dikisar
- 4 auns keju kotej, pada suhu bilik
- 2 batang pisang, dikupas dan dicincang
- 1 lobak merah, dicincang
- 2 sudu besar mentega
- 1 sudu besar rosemary kering
- 1/4 sudu teh lada hitam dikisar
- Garam laut, dua kunci
- 4 cawan stok ayam, rendah natrium
- 1/2 cawan keju Parmesan, sebaik-baiknya parut baru
- 1 sudu besar pasli segar, dicincang

ARAHAN:

a) Dalam mangkuk adunan, letakkan kepingan ayam, susu, jus lemon, halia, dan bawang putih; biarkan ia perap selama 1 jam di dalam peti sejuk.

b) Masukkan ayam, bersama dengan perapan, ke dalam Periuk Segera anda. Masukkan keju kotej, bawang merah, lobak merah, mentega, rosemary, lada hitam, garam, dan stok ayam.

c) Selamatkan tudung. Tekan butang "Sup" dan masak selama 35 minit. Setelah memasak selesai, gunakan pelepas tekanan cepat.

d) Keluarkan ayam dari cecair memasak. Buang tulang dan masukkan kembali ayam ke dalam Periuk Segera.

e) Tambah keju Parmesan yang baru diparut ke dalam cecair memasak panas; kacau sehingga cair dan semuanya sebati. Sendukkan ke dalam mangkuk hidangan individu, hiaskan dengan pasli segar dan nikmatilah!

63. Manicotti Keju Kotej

BAHAN-BAHAN:
UNTUK MANICOTTI:
- 6 biji telur
- 2 cawan tepung
- 1½ cawan air
- Garam dan lada sulah secukup rasa

ISI RICOTTA CHEESE:
- 2 paun keju (boleh jadi pot cheese)
- 2 biji telur
- Garam dan lada
- Serpihan pasli
- Keju parmesan parut

ARAHAN:
a) Pukul telur, tepung, air, garam dan lada sulah secukup rasa.

b) Buat seperti penkek nipis, sangat cepat, di atas panggangan atau kuali (saya menggunakan minyak zaitun untuk menggorengnya).

c) Isi dengan campuran keju ricotta. Menggulung. Tutup dengan sos.

d) Bakar pada 350 darjah F selama ½ jam.

e) Set mudah selama 10 minit sebelum dihidangkan.

ISI RICOTTA CHEESE:
f) Gaul dengan senduk hingga sebati dan sebati (saya guna separuh ni).

64. Pai Bayam Mama

BAHAN-BAHAN:

- 4 cawan Cheddar Croutons atau crouton herba
- Kira-kira $1\frac{1}{2}$ paun daun bayam
- 8 auns keju cheddar, dipotong menjadi kiub $\frac{1}{2}$ inci atau lebih
- 1 paun keju kotej
- 3 biji telur besar, dipukul sedikit
- 3 sudu besar mentega tanpa garam, cair
- 4 keping bacon, masak sehingga garing
- Garam dan lada hitam yang baru dikisar

ARAHAN:

a) Panaskan ketuhar hingga 375°F.

b) Didihkan periuk besar air. Sementara itu, lapik bahagian bawah loyang 9 × 13 inci dengan satu lapisan crouton.

c) Setelah air mendidih, masukkan daun bayam ke dalamnya dan kacau. Benarkan ia hampir tidak layu—ini akan mengambil masa kira-kira 10 saat—kemudian pindahkannya ke penapis dan bilas di bawah air sejuk. Setelah ia cukup sejuk untuk dikendalikan, perah cecair sebanyak yang anda boleh dengan tangan anda. Pindahkan bayam ke papan pemotong dan potong kasar.

d) Masukkan bayam ke dalam mangkuk besar bersama-sama dengan cheddar, keju kotej, telur, dan mentega cair. Gunakan tangan anda untuk menghancurkan bacon ke dalam mangkuk dan kacau adunan sehingga ia sebati. Perasakan dengan garam dan lada sulah, perlu diingat bahawa bacon sudah mempunyai banyak garam.

e) Letakkan campuran bayam di atas crouton dalam lapisan sekata. Pindahkan hidangan ke ketuhar dan bakar sehingga ia hanya ditetapkan dan keju cair, kira-kira 30 minit.

f) Jika anda mahukan sedikit lagi warna, anda boleh menghabiskannya di bawah ayam daging selama satu atau dua minit tambahan.

65. Daging Lembu 'n' Mee Kaserol

BAHAN-BAHAN:
- 1 bungkusan (8 auns) mi sederhana
- 1/3 cawan hirisan bawang hijau
- 1/3 cawan lada hijau dicincang
- 2 sudu besar mentega
- 1 paun daging lembu kisar
- 1 tin (6 auns) pes tomato
- 1/2 cawan krim masam
- 1 cawan 4% keju kotej
- 1 tin (8 auns) sos tomato

ARAHAN:
a) Masak mi mengikut arahan pakej; ketegangan.

b) Tumis lada hijau dan bawang dengan mentega dalam kuali besar sehingga lembut, kira-kira 3 minit. Masukkan daging lembu dan masak sehingga tiada baki merah jambu. Tapis lemak yang berlebihan.

c) Campurkan krim masam dan pes tomato bersama-sama dalam mangkuk bersaiz sederhana, campurkan dalam keju kotej dan mi. Dalam kaserol 2 liter, lapisan 1/2 campuran mi; letak 1/2 adunan daging lembu di atas. Teruskan melakukan perkara yang sama.

d) Tuang rata ke atas kaserol dengan sos tomato.

e) Bakar pada 350 ° sehingga dipanaskan dengan teliti, kira-kira 30-35 minit.

66. Bayam Bakar Supreme

BAHAN-BAHAN:
- 1 cawan biskut kurang lemak/campuran penaik
- 2 biji putih telur
- 1 biji telur
- 1/4 cawan susu tanpa lemak
- 1/4 cawan bawang besar dicincang halus

PENGISIAN:
- 10 auns bayam cincang beku, dicairkan dan diperah kering
- 1-1/2 cawan keju kotej tanpa lemak
- 3/4 cawan keju Monterey Jack yang dicincang
- 1/2 cawan keju Parmesan parut
- 2 biji putih telur
- 1 biji telur
- 1 sudu teh bawang cincang kering

ARAHAN:

a) Satukan adunan biskut, bawang besar, susu, telur dan putih telur dalam mangkuk kecil. Gaul rata kemudian tuang ke dalam loyang 11x7 inci yang telah digris.

b) Dalam mangkuk lain, gaulkan bahan inti. Sendukkan perlahan-lahan di atas adunan biskut.

c) Tanpa penutup, bakar dalam ketuhar selama 28 hingga 32 minit pada suhu 350 ° atau sehingga perang keemasan. Masukkan pisau di tengah dan ia harus keluar bersih.

SALAD DAN SISI

67. Salad Sayur Keju Kotej

BAHAN-BAHAN:
- 3 cawan (24 auns) 4% keju kotej
- 1 buah alpukat masak besar, dikupas, diadu dan dicincang
- 1 tomato sederhana, dicincang
- 1/4 cawan buah zaitun isi pimiento yang dihiris
- 2 sudu besar hirisan bawang hijau

ARAHAN:
a) Campurkan 4 bahan pertama bersama dalam mangkuk hidangan.
b) Taburkan bawang.

68. Asparagus, tomato dan salad keju kotej

BAHAN-BAHAN:
- 2 tandan asparagus hijau
- 150 g tomato ceri
- 100 g keju kotej
- 30 g walnut yang dikupas
- 30 g jagung bakar
- 20 g biji bunga matahari yang dikupas
- 2 sudu besar cuka
- 4 sudu besar minyak zaitun
- Lada dan garam

ARAHAN:

f) Bersihkan asparagus. Mula-mula, basuh asparagus di bawah aliran air sejuk, keluarkan bahagian paling keras batang, dan potong menjadi kepingan yang sama saiz.

g) Masukkan air hingga mendidih dan masak. Semasa menyediakan asparagus, rebus banyak air garam dalam kaserol, masukkannya dan masak selama 10 minit sehingga ia lembut tetapi utuh.

h) Mengganggu masakan. Setelah ia d1, keluarkannya dengan sudu berlubang dan rendamkannya selama beberapa saat dalam semangkuk air ais untuk memperlahankan memasak. Dengan cara ini, mereka akan mengekalkan warna hijau pekat mereka. Dan kemudian, toskannya sekali lagi untuk menghilangkan semua air.

i) Sediakan bahan-bahan yang lain. Basuh tomato, keringkan dengan kertas penyerap dan potong dua. Toskan keju kotej dan hancurkannya. Dan potong kacang menjadi kepingan kecil.

j) Buat vinaigrette. Susun cuka dalam mangkuk. Tambah secubit garam dan satu lagi lada, dan tuangkan minyak, sedikit demi sedikit, teruskan pukul dengan garpu, sehingga anda mendapat vinaigrette yang mengemulsi dengan baik.

k) Edarkan asparagus dalam 4 mangkuk. Masukkan tomato, keju kotej yang hancur, dan walnut yang dicincang. Berpakaian dengan vinaigrette sebelumnya.

l) Dan hiaskan dengan biji bunga matahari dan jagung bakar.

69. Keju Kotej dan Salad Buah

BAHAN-BAHAN:
- 1 cawan keju kotej
- 1 cawan strawberi segar, dihiris
- 1 cawan beri biru segar
- 1 cawan ketulan nanas segar
- 2 sudu besar madu
- 1/4 cawan daun pudina segar dicincang

ARAHAN:
a) Dalam mangkuk adunan yang besar, satukan keju kotej, strawberi, beri biru dan ketulan nanas.
b) Tuangkan madu ke atas campuran buah dan keju kotej.
c) Kacau perlahan-lahan untuk menggabungkan semua bahan.
d) Taburkan daun pudina segar yang dicincang di atasnya.
e) Hidangkan segera atau sejukkan sehingga sedia untuk dihidangkan.

70. Salad Timun dan Keju Kotej

BAHAN-BAHAN:
- 2 cawan keju kotej
- 2 biji timun, hiris nipis
- 1 biji bawang merah, hiris nipis
- 2 sudu besar dill segar, dicincang
- Garam dan lada sulah secukup rasa

ARAHAN:
a) Dalam mangkuk besar, satukan keju kotej, hirisan timun dan hirisan bawang merah.
b) Taburkan dill segar ke atas campuran.
c) Perasakan dengan garam dan lada sulah, ikut selera.
d) Kacau bahan-bahan perlahan-lahan untuk sebati.
e) Sejukkan di dalam peti sejuk selama kira-kira 30 minit sebelum dihidangkan.

71. Salad Keju Kotej dan Tomato

BAHAN-BAHAN:
- 1 1/2 cawan keju kotej
- 2 biji tomato besar, potong dadu
- 1/2 biji bawang merah, dihiris halus
- 2 sudu besar selasih segar, dicincang
- 2 sudu besar minyak zaitun
- Garam dan lada sulah secukup rasa

ARAHAN:
a) Dalam mangkuk, satukan keju kotej, tomato potong dadu, dan bawang merah cincang.
b) Taburkan selasih segar ke atas adunan.
c) Tuangkan minyak zaitun di atas.
d) Perasakan dengan garam dan lada sulah, ikut selera.
e) Perlahan-lahan gaulkan bahan-bahan tadi.
f) Hidangkan segera atau sejukkan sehingga sedia untuk dihidangkan.

PENJERAHAN

72.Kek Keju Walnut

BAHAN-BAHAN:
- Roti pendek
- 2 cawan Keju Kotej
- $\frac{1}{2}$ cawan Gula; Berbutir
- 2 sudu teh Tepung jagung
- $\frac{1}{2}$ cawan walnut; dicincang,
- 3 biji telur; Besar, Terpisah
- $\frac{1}{2}$ cawan Krim Masam
- 1 sudu teh Kulit Lemon; Parut

ARAHAN:
a) Panaskan ketuhar hingga 325 darjah F.
b) Tekan keju kotej melalui penapis dan toskan.
c) Dalam mangkuk adunan besar, pukul kuning telur sehingga ringan dan berbuih, kemudian masukkan gula perlahan-lahan, teruskan pukul sehingga sangat ringan dan licin.
d) Masukkan keju kotej ke dalam adunan telur, gaul rata, kemudian masukkan krim masam, tepung jagung, kulit lemon, dan walnut (jika mahu). Kacau sehingga semua bahan sebati dan adunan sebati.
e) Dalam mangkuk adunan besar yang lain, pukul putih telur sehingga membentuk soft peak, kemudian lipat perlahan-lahan ke dalam adunan. Tuangkan adunan ke dalam kerak yang disediakan dan bakar selama kira-kira 1 jam.
f) Sejukkan pada suhu bilik sebelum dihidangkan.

73. Kek keju oren cranberry

BAHAN-BAHAN:
- 1 cawan serbuk graham
- 2 cawan keju kotej
- 1 pek keju krim ringan; 8 auns
- ⅔ cawan Gula
- ½ cawan yogurt biasa
- ¼ cawan Tepung; serba guna
- 2 cawan Cranberry
- ½ cawan jus oren
- 1 sudu besar Marjerin; ringan, cair
- 2 putih telur
- 1 biji telur
- 1 sudu besar kulit oren; parut
- 1 sudu teh Vanila
- ⅓ cawan Gula
- 2 sudu teh Tepung jagung

ARAHAN:
a) Satukan bahan kerak . Tekan di bahagian bawah kuali springform 9 inci.
b) Bakar pada 325 darjah F selama 5 minit.
c) Dalam pemproses makanan, campurkan keju kotej sehingga rata. Masukkan krim keju dan proses sehingga halus. Tambah baki bahan pengisian; proses sehingga licin. Tuang ke dalam kuali. Bakar pada 325 darjah F selama 50 hingga 60 minit atau sehingga hampir ditetapkan di tengah.
d) Jalankan pisau di sekeliling tepi kek untuk melonggarkannya dari rim. Sejukkan di atas rak. Sejuk.
e) Satukan cranberry, jus oren, dan gula dalam periuk. Didihkan, kacau sentiasa. Kemudian reneh selama 3 minit atau sehingga cranberry mula muncul. Larutkan tepung

jagung dalam 1 sudu air. Masukkan ke dalam kuali, masak, dan kacau selama 2 minit.

f) Sejukkan topping, dan sapukan ke atas kek sebelum dihidangkan.

74. Kugel Mee Nanas

BAHAN-BAHAN:
UNTUK MEE:
- 450g mi telur lebar kering
- 1 batang mentega tanpa garam, potong
- 1 cawan susu penuh
- 5 biji telur besar, dipukul sedikit
- 12 cawan gula
- 2 sudu teh vanila
- 12 sudu teh garam
- 1 (450g) bekas krim masam
- 1 (450g) bekas keju kotej dadih kecil (4% lemak)
- 1 (560g) tin nanas dihancurkan, toskan

UNTUK TOPPING:
- 2 cawan cornflakes, ditumbuk kasar
- 2 sudu besar gula
- 12 sudu teh kayu manis
- 2 sudu besar mentega tanpa garam, dipotong menjadi kepingan

ARAHAN:
SEDIAKAN BOLA:
a) Letakkan rak ketuhar di kedudukan tengah dan panaskan hingga 350°F (175°C).

b) Mentegakan pinggan mangkuk kaca atau seramik bersaiz 13" kali 9" kali 2".

c) Masak mee dalam periuk air masin mendidih sehingga al dente.

d) Toskan sebati, kemudian kembalikan ke dalam periuk suam dan masukkan mentega, toskan sehingga mee bersalut.

e) Pukul susu, telur, gula, vanila, dan garam sehingga sebati, kemudian pukul dengan krim masam.

f) Masukkan keju kotej dan nanas dan masukkan ke dalam mi, kacau hingga sebati, kemudian masukkan ke dalam loyang.

BUAT TOPPING DAN BAKAR KUGEL:

g) Kacau bersama emping jagung, gula, dan kayu manis dan taburkan rata ke atas mi.

h) Titik dengan mentega dan bakar sehingga kugel ditetapkan dan tepi berwarna perang keemasan, kira-kira 1 jam.

i) Biarkan 5 minit sebelum dihidangkan.

75. Saffron Pistachio Panna Cotta

BAHAN-BAHAN:

- 2 sudu besar Paneer lembut atau keju kotej buatan sendiri
- 2 sudu teh Gula
- 2 sudu besar Susu
- 1 sudu besar Krim
- 1 secubit Safron
- 1 secubit besar serbuk agar agar
- 2 sudu teh pistachio
- 1 secubit serbuk buah pelaga

ARAHAN:

a) Tumbuk paneer lembut dan serbuk gula sehingga halus.

b) Didihkan 2 sudu besar susu & 1 sudu besar krim dan secubit kunyit bersama.

c) Masukkan secubit besar serbuk agar-agar.

d) Pukul hingga rata.

e) Masukkan campuran paneer, serbuk buah pelaga, dan pistachio cincang. Gaul sebati.

f) Dalam acuan yang telah digris masukkan $\frac{1}{4}$ sudu teh pistachio cincang. Tuang adunan panna cotta.

g) Sejukkan selama 2 jam di dalam peti sejuk.

h) buang acuan dan hidangkan. Tambah sedikit sirap pilihan anda dan buah di atasnya.

i) Anda boleh menyesuaikan gula mengikut citarasa.

76. Tiramisu keju kotej

BAHAN-BAHAN:
- ½ cawan Gula
- 1 cawan keju kotej tanpa lemak
- 1 cawan alternatif krim masam tanpa lemak
- 2 sudu besar Rum gelap
- Karton 8 auns yogurt rendah lemak vanila
- Pakej 8 auns keju Neufchatel
- 1¼ cawan air panas
- 1 sudu besar Plus
- ½ sudu teh butiran kopi espreso segera
- 40 Ladyfingers
- ½ sudu teh koko tanpa gula

ARAHAN:
a) Letakkan 6 bahan pertama dalam pemproses makanan dengan bilah pisau dan proses sehingga licin; mengetepikan.
b) Satukan air panas dan butiran espresso dalam mangkuk kecil. Belah ladyfingers separuh memanjang. Celupkan 20 bahagian dengan cepat, potong bahagian bawah, dalam espreso, dan letakkan, celup sebelah bawah, di bahagian bawah hidangan pembakar persegi 9 inci.
c) Celupkan 20 lagi bahagian ladyfinger, potong sisi ke bawah, ke dalam espresso, dan susun sisi yang dicelup ke bawah, di atas lapisan pertama. Ratakan 2 C adunan keju ke atas jari jemari. Ulangi prosedur dengan baki bahagian ladyfinger, espresso dan campuran keju.
d) Letakkan pencungkil gigi di setiap sudut dan 1 di tengah tiramisu untuk mengelakkan bungkus plastik melekat pada campuran keju. Tutup dengan bungkus plastik dan sejukkan selama 3 hingga 8 jam. Taburkan dengan koko sebelum dihidangkan.

77. Aiskrim Kurma Keju Kotej

BAHAN-BAHAN:
- ⅓ cawan kurma dicincang
- 4 sudu besar rum
- 2 biji telur, dipisahkan
- ½ cawan gula pasir
- ⅔ cawan susu
- 1 ½ cawan keju kotej
- Kulit parut halus dan jus 1 lemon
- ⅔ cawan krim, disebat
- 2 sudu besar halia batang dicincang halus

ARAHAN:

a) Rendam kurma di dalam bilik selama kira-kira 4 jam. Masukkan kuning telur dan gula ke dalam mangkuk dan pukul sehingga ringan. Panaskan susu hingga mendidih dalam periuk kemudian kacau ke dalam kuning telur. Kembalikan adunan ke dalam kuali yang telah dibilas dan masak dengan api perlahan, kacau sentiasa, sehingga pekat. Sejuk, menjeling sekali-sekala.

b) Proses keju kotej, kulit limau, dan jus dan rum yang ditapis daripada kurma bersama-sama dalam pengisar atau pemproses makanan sehingga halus kemudian campurkan dengan kastard. Tuangkan adunan ke dalam bekas, tutup dan beku sehingga menjadi pejal. Masukkan ke dalam mangkuk, pukul sebati, kemudian masukkan krim putar, kurma, dan halia. Pukul putih telur dalam mangkuk sehingga kaku tetapi tidak kering dan masukkan ke dalam adunan buah. Sudukan semula adunan ke dalam bekas. Tutup dan beku sehingga padat.

c) Kira-kira 30 minit sebelum dihidangkan, pindahkan aiskrim ke peti sejuk.

78.Kek keju keju kotej

BAHAN-BAHAN:
UNTUK KERAK
- ¼ cawan marjerin keras , cair
- 1 cawan serbuk keropok graham rendah lemak
- 2 sudu besar gula putih
- ¼ sudu besar kayu manis

UNTUK KEK
- 2 cawan keju kotej rendah lemak, tulen
- 3 sudu besar tepung serba guna
- 1 sudu teh ekstrak vanila
- 2 telur
- ⅔ cawan gula putih

ARAHAN:
a) Sediakan ketuhar dengan memanaskannya hingga 325 darjah Fahrenheit.

b) Satukan marjerin cair, serbuk keropok graham, gula dan kayu manis .

c) Isi kuali bentuk spring 10 inci separuh dengan adunan kerak .

d) Campurkan keju kotej yang telah dilembutkan, susu, telur, tepung, vanila, dan gula sehingga sebati.

e) Tuang adunan ke dalam kulit pai.

f) Bakar selama 60 minit dalam ketuhar.

79. Burekas

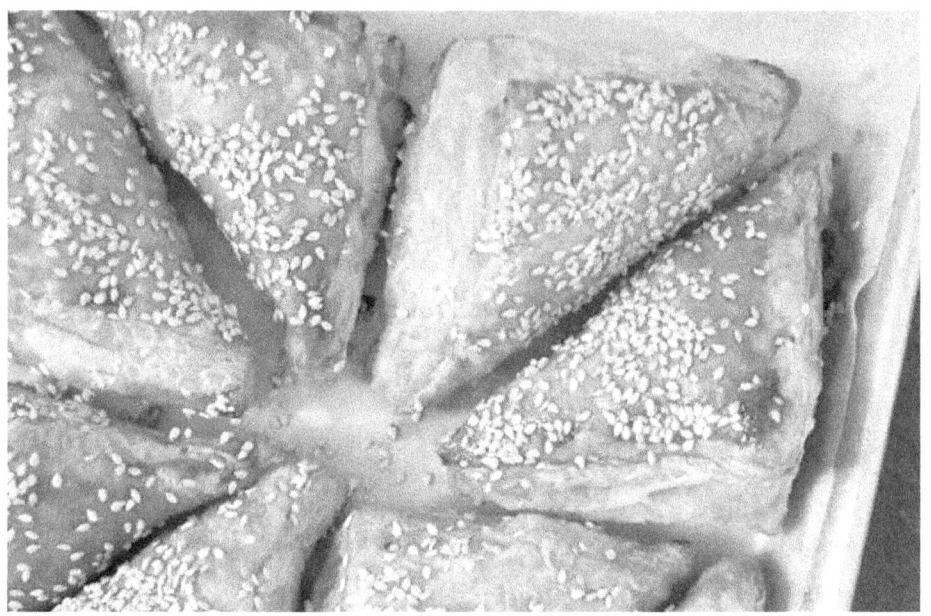

BAHAN-BAHAN:
- 1 lb / 500 g pastri puff berkualiti terbaik semua mentega
- 1 biji telur jarak bebas besar, dipukul

PENGISIAN RICOTTA
- ¼ cawan / 60 g keju kotej
- ¼ cawan / 60 g keju ricotta
- ⅔ cawan / 90 keju feta hancur
- 2 sudu kecil / 10 g mentega tanpa garam, cair

PENGISIAN PECORINO
- 3½ sudu besar / 50 g keju ricotta
- ⅔ cawan / 70 g parut keju pecorino berumur
- ⅓ cawan / 50 g parut keju Cheddar tua
- 1 daun bawang, potong 2 inci / 5cm, dicelur sehingga lembut, dan dicincang halus (¾ cawan / 80 g kesemuanya)
- 1 sudu besar pasli daun rata yang dicincang
- ½ sudu kecil lada hitam yang baru dikisar

BIJI BENIH
- 1 sudu kecil biji nigella
- 1 sudu kecil bijan
- 1 sudu kecil biji sawi kuning
- 1 sudu kecil biji jintan
- ½ sudu kecil kepingan cili

ARAHAN
a) Canai pastri ke dalam dua petak 12 inci / 30cm setiap satu ⅛ inci / 3 mm tebal. Letakkan helaian pastri pada lembaran pembakar yang dialas kertas—ia boleh diletakkan di atas satu sama lain, dengan sehelai kertas di antara—dan biarkan di dalam peti sejuk selama 1 jam.

b) Letakkan setiap set bahan inti dalam mangkuk yang berasingan. Gaul dan ketepikan. Campurkan semua biji dalam mangkuk dan ketepikan.

c) Potong setiap helaian pastri kepada segi empat sama 4 inci / 10cm; anda sepatutnya mendapat 18 petak kesemuanya. Bahagikan inti pertama sama rata di antara separuh petak, sendukkannya ke tengah setiap petak. Sapu dua tepi bersebelahan setiap segi empat sama dengan telur dan kemudian lipat segi empat sama untuk membentuk segi tiga. Tolak keluar mana-mana udara dan cubit bahagian tepi bersama-sama dengan kuat. Anda ingin menekan tepi dengan baik supaya ia tidak terbuka semasa memasak. Ulang dengan baki petak pastri dan pengisian kedua. Letakkan pada lembaran pembakar yang dialas kertas dan sejukkan di dalam peti sejuk selama sekurang-kurangnya 15 minit untuk mengeras. Panaskan ketuhar kepada 425°F / 220°C.

d) Sapu dua tepi pendek setiap pastri dengan telur dan celupkan tepi ini ke dalam campuran benih; sejumlah kecil benih, hanya ⅙ inci / 2 mm lebar, adalah semua yang diperlukan, kerana ia agak dominan. Sapu bahagian atas setiap pastri dengan beberapa telur juga, elakkan bijinya.

e) Pastikan pastri dijarakkan kira-kira 1¼ inci / 3 cm antara satu sama lain.

f) Bakar selama 15 hingga 17 minit, sehingga seluruhnya berwarna perang keemasan. Hidangkan hangat atau pada suhu bilik.

g) Jika beberapa inti tumpah daripada pastri semasa membakar, masukkan perlahan-lahan ia semula apabila ia cukup sejuk untuk dikendalikan.

80. Tart keju Perancis

BAHAN-BAHAN:
- 2 cawan Tepung serbaguna; tidak diayak
- ¼ sudu teh garam
- ½ sudu kecil Serbuk penaik
- ⅔ cawan Mentega atau marjerin
- ⅓ cawan Gula pasir
- 2 Kuning telur
- 2 sudu besar Krim tebal
- ½ sudu kecil Kulit limau parut
- 4 sudu besar Mentega atau marjerin
- ⅔ cawan Gula pasir
- 2 cawan Keju kotej kering
- 1 Kuning telur
- ¼ cawan Krim tebal
- ⅓ cawan Kismis emas
- ½ sudu kecil Kulit limau parut
- 1 Putih telur; dipukul sedikit
- Gula manisan

ARAHAN:
a) Dalam mangkuk, ayak tepung, garam, dan serbuk penaik.

b) Dengan pengisar pastri, potong mentega sehingga adunan menyerupai serbuk kasar.

c) Tambah ⅓ cawan gula pasir, 2 kuning telur, 2 sudu besar krim pekat, dan ½ sudu teh kulit lemon; dengan garfu, gaul sehingga pastri menjadi satu.

d) Hidupkan pada permukaan yang ditaburi sedikit tepung; uli hingga rata, lebih kurang 2 minit.

e) Bentuk menjadi bola; balut dengan kertas lilin. Sejukkan pastri selama 30 minit. Buat Keju
PENGISIAN:

f) Dalam mangkuk dengan pengadun elektrik pada kelajuan Tinggi, pukul mentega, gula pasir dan keju kotej sehingga sebati, kira-kira 3 minit.

g) Tambah kuning telur dan krim; pukul dengan baik. Kacau dalam kismis dan kulit limau. Panaskan ketuhar hingga 350 F.

h) gris ringan loyang 13x9x2". Bahagikan pastri kepada dua.

i) Pada permukaan yang ditaburi sedikit tepung, gulungkan separuh daripada pastri ke dalam segi empat tepat 13x9".

j) Muatkan ke bahagian bawah kuali yang disediakan. Tuangkan ke dalam inti, ratakan.

k) Bahagikan pastri yang tinggal separuh. Potong separuh kepada 5 bahagian yang sama.

l) Di atas papan, gulung setiap kepingan menjadi jalur seperti pensel sepanjang 13".

m) Susun jalur ini memanjang, $1\frac{1}{2}$" dipisahkan semasa mengisi.

n) Dengan baki pastri, buat jalur yang mencukupi untuk dimuatkan secara menyerong, $1\frac{1}{2}$ inci antara satu sama lain, merentasi jalur memanjang.

o) Sapu jalur pastri dengan putih telur.

p) Bakar selama 40 minit atau sehingga perang keemasan. Mudah berdiri selama 5 minit.

q) Kemudian taburkan gula manisan, dan potong segi empat sama 3 inci. Hidangkan hangat.

81. Tart keju herba

BAHAN-BAHAN:

- ⅓ cawan Serbuk roti kering halus atau zwieback yang ditumbuk halus
- 8 auns Pakej krim keju, dilembutkan
- ¾ cawan Keju kotej ala krim
- ½ cawan Keju Swiss yang dicincang
- 1 sudu besar Tepung serbaguna
- ¼ sudu teh Basil kering, dihancurkan
- ⅛ sudu teh Serbuk Bawang putih
- 2 Telur
- salutan semburan tidak melekat
- krim masam tenusu
- buah zaitun masak yang dihiris atau dihiris, kaviar merah
- lada merah panggang

ARAHAN

a) Untuk kerak, semburkan dua puluh empat cawan muffin 1¾ inci dengan salutan semburan nonstick.

b) Taburkan serbuk roti atau zwieback yang dihancurkan ke bahagian bawah dan tepi untuk menyalut.

c) Goncangkan kuali untuk mengeluarkan lebihan serbuk. Mengetepikan.

d) Dalam mangkuk pengadun kecil, satukan keju krim, keju kotej, keju Swiss, tepung, basil dan serbuk bawang putih. Pukul dengan pengadun elektrik pada kelajuan sederhana sehingga kembang.

e) Tambah telur; pukul pada kelajuan rendah sehingga sebati. Jangan keterlaluan.

f) Isikan setiap cawan muffin yang dilapisi serbuk dengan 1 sudu besar adunan keju. Bakar dalam ketuhar 375 darjah

F selama 15 minit atau sehingga bahagian tengah kelihatan ditetapkan.

g) Sejukkan dalam kuali di atas rak dawai selama 10 minit. Keluarkan dari kuali.

h) Sejukkan dengan teliti pada rak dawai.

i) Untuk menghidangkan, sapukan bahagian atas dengan krim masam. Hiaskan dengan buah zaitun, kaviar, kucai dan/atau lada merah dan potongan buah zaitun.

j) Bakar dan sejukkan tart seperti yang diarahkan, kecuali jangan sapu dengan krim masam atau atasnya dengan hiasan.

k) Tutup dan sejukkan di dalam peti sejuk sehingga 48 jam. Biarkan tart berdiri pada suhu bilik selama 30 minit sebelum dihidangkan.

l) Sapukan dengan krim masam dan hiaskan seperti yang diarahkan.

82. Kek bit

BAHAN-BAHAN:

- 1 cawan minyak Crisco
- ½ cawan mentega, cair
- 3 biji telur
- 2 cawan gula
- 2½ cawan tepung
- 2 sudu teh kayu manis
- 2 sudu teh baking soda
- 1 sudu teh garam
- 2 sudu teh vanila
- 1 cawan bit Harvard
- ½ cawan keju kotej berkrim
- 1 cawan nanas hancur, toskan
- 1 cawan kacang cincang
- ½ cawan kelapa

ARAHAN:

a) Campurkan minyak, mentega, telur dan gula.
b) Masukkan tepung, kayu manis, soda, dan garam.
c) Lipat dalam vanila, bit, keju kotej, nanas, kacang, dan kelapa.
d) Tuangkan ke dalam loyang 9x13 inci.
e) Bakar pada suhu 350 selama 40-45 minit. Hidangkan bersama krim putar.

83. Epal-Ais Krim Keju

BAHAN-BAHAN:
- 5 biji epal masak, dikupas dan dibuang inti
- 2 cawan keju kotej, dibahagikan
- 1 cawan separuh-dan-separuh, dibahagikan
- ½ cawan mentega epal, dibahagikan
- ½ cawan gula pasir, dibahagikan
- ½ sudu teh kayu manis tanah
- ¼ sudu teh bunga cengkih kisar
- 2 biji telur

ARAHAN:
a) Potong epal ke dalam dadu ¼ inci; mengetepikan. Dalam pengisar atau pemproses makanan, satukan 1 cawan keju kotej, ½ cawan separuh-dan-separuh, ¼ cawan mentega epal, ¼ cawan gula, kayu manis, bunga cengkih dan sebiji telur. Kisar hingga sebati. Tuangkan ke dalam mangkuk besar.

b) Ulangi dengan baki keju kotej, separuh dan separuh, mentega epal, dan telur. Gaulkan dengan adunan yang telah ditapis tadi. Kacau dalam epal cincang.

c) Tuang ke dalam tong aiskrim. Bekukan dalam pembuat aiskrim mengikut arahan pengilang.

84. Kek Keju Keju Kotej Kelapa

BAHAN-BAHAN:
UNTUK KERAK:
- 1 ½ cawan Graham Cracker Crumbs
- ½ cawan Sudu Mentega, cair
- 3 Sudu Besar Kelapa Parut

UNTUK PENGISIAN:
- 32 auns Keju Kotej
- ¾ cawan pemanis
- 7 auns yogurt Greek kelapa
- 3 biji telur besar
- 1 sudu teh ekstrak vanila
- 1 Scoop Serbuk Protein Berperisa Kelapa (pilihan)

UNTUK TOPPING:
- 7 auns yogurt Greek kelapa
- 2 sudu besar keju kotej
- ¼ cawan pemanis
- ½ cawan kelapa parut

ARAHAN:
UNTUK KERAK:
a) Dalam mangkuk, campurkan serbuk Graham Cracker, mentega cair, dan kelapa parut.
b) Tekan adunan ke bahagian bawah hidangan kek keju atau kuali.
c) Bakar pada 375°F (192°C) selama kira-kira 7-10 minit sehingga ia berwarna perang.
d) Keluarkan dari ketuhar dan ketepikan sehingga sejuk.

UNTUK PENGISIAN:
e) Masukkan keju kotej dan pemanis ke dalam mangkuk adunan dan gaul sehingga rata.

f) Kemudian masukkan bahan-bahan lain dan gaul hingga rata.

g) Tuangkan inti ke atas kerak yang telah disejukkan dan bakar selama 50 minit dalam ketuhar yang telah dipanaskan.

h) Keluarkan dari ketuhar dan sejukkan pada suhu bilik.

UNTUK TOPPING:

i) Pukul yogurt Greek kelapa, keju kotej dan pemanis sehingga berkrim.

j) Sapukan pembekuan ke atas kek keju yang telah disejukkan dan di atasnya dengan kelapa parut.

85. Pai Kugel Mi dengan Keju Kotej

BAHAN-BAHAN:
KERAK MEE:
- ½ paun halal lebar untuk mi telur Paskah
- 2 sudu besar mentega, cair

PENGISIAN:
- 2 biji bawang, dihiris
- minyak untuk menggoreng
- 1 paun keju kotej
- 2 cawan krim masam
- ½ cawan gula
- 6 biji telur
- 1 sudu teh kayu manis tanah
- ½ cawan beri hitam

TOPPING:
- Beri hitam tambahan

ARAHAN:
KERAK MEE:
a) Panaskan ketuhar hingga 375 darjah F.
b) Masak mee telur dalam air masin selama kira-kira 4 minit atau sehingga ia agak kurang masak.
c) Toskan mee dan pindahkan ke dalam mangkuk.
d) Gerimis dengan 2 sudu besar mentega cair dan toskan hingga bersalut.

PENGISIAN:
e) Dalam periuk sederhana, dengan api sederhana, panaskan minyak dan kemudian masak bawang sehingga ia lembut. Keluarkan dari kuali.
f) Dalam mangkuk, pukul bersama bawang masak, keju kotej, krim masam, gula, telur, dan kayu manis yang dikisar sehingga sebati.

g) Perlahan-lahan lipat beri hitam ke dalam adunan inti.

PERHIMPUNAN:

h) Griskan loyang bersaiz lebih kurang 9 kali 13 inci.

i) Susun mee telur yang telah disapu mentega di bahagian bawah loyang untuk membentuk kerak.

j) Tuangkan adunan inti ke atas kulit mee.

MEMBAKAR:

k) Bakar dalam ketuhar yang telah dipanaskan sehingga kastard ditetapkan dan bahagian atas berwarna perang keemasan, kira-kira 40-45 minit.

MENGHIDANG:

l) Biarkan Pai Kugel Mi sejuk sedikit sebelum dihidangkan.

m) Hidangkan, dihiasi dengan lebih banyak beri hitam.

86. Salad parti merah jambu

BAHAN-BAHAN:

- 1 tin (No 2) nanas hancur
- 24 besar Marshmallow
- 1 pek Jelo Strawberi
- 1 cawan Krim putar
- 2 cawan Sm. keju kotej dadih
- ½ cawan Kacang; dicincang

ARAHAN:

a) Panaskan jus dari nanas dengan marshmallow dan Jello. Sejuk.

b) Campurkan krim putar, nanas, keju kotej dan kacang. Masukkan adunan pertama dan kacau.

c) Sejukkan semalaman.

87. Pencuci mulut Nanas Bakar

BAHAN-BAHAN:
- 1 biji nanas segar, dibuang biji, dikupas
- 3 sudu besar Raspberry Vinaigrette Dressing
- 2 cawan 2% Keju Kotej Rendah Lemak Lemak Susu
- 1/2 cawan biji delima

ARAHAN:
a) Panaskan ayam pedaging. Potong nenas secara bersilang kepada lapan kepingan dan susun di atas rak kuali ayam pedaging, atau dalam kuali pembakar 15 inci x10 inci x1 inci, kemudian sapukan balutan dengan rata.

b) Panggang nanas 3-4 inci dari sumber haba sehingga dipanaskan, kira-kira 4-5 minit.

c) Keluarkan nanas ke dalam pinggan hidangan dan letakkan keju kotej secara rata di atasnya. Taburkan biji delima di atasnya.

88. Salad Limau Sejuk

BAHAN-BAHAN:
- 1/2 cawan nanas hancur dalam tin yang tidak disaring
- 2 sudu besar gelatin kapur
- 1/4 cawan 4% keju kotej
- 1/4 cawan topping putar

ARAHAN:

a) Rebus nanas dalam periuk kecil.

b) Tutup api, masukkan gelatin dan kacau sehingga larut sepenuhnya.

c) Biarkan sejuk pada suhu bilik.

d) Masukkan topping putar dan keju kotej ke dalam kuali, kacau.

e) Sejukkan sehingga padat.

PERUBAHAN

89. Sos Keju Kotej

BAHAN-BAHAN:
- 1 cawan (226 g) keju kotej tanpa lemak
- 1 cawan (235 ml) susu skim
- 2 sudu besar (30 ml) air
- 2 sudu besar (16 g) tepung jagung

ARAHAN:

a) Dalam pengisar, campurkan keju kotej dan susu. Tuangkan ke dalam periuk dan panaskan hampir mendidih. Mengetepikan. Masukkan air ke dalam tepung jagung dan gaul hingga sebati. Masukkan ke dalam campuran keju kotej dalam periuk dan kacau rata.

b) Masak 10 minit, kacau sentiasa sehingga pekat.

90. Celup Daun Bawang Rendah Lemak

BAHAN-BAHAN:
- 1 cawan (225 g) keju kotej rendah lemak
- $\frac{1}{4}$ cawan (25 g) daun bawang, dicincang
- 2 sudu teh (10 ml) jus lemon

ARAHAN:

a) Satukan semua bahan dalam pengisar atau pemproses makanan dan proses sehingga halus.

b) Sejukkan sekurang-kurangnya sejam untuk memberi masa untuk perisa berkembang.

91. Pembalut herba kotej

BAHAN-BAHAN:
- 1 sudu besar Susu
- 12 auns Keju Kotej
- 1 sudu teh Jus Lemon
- 1 Hiris Bawang kecil -- Nipis
- 3 Lobak -- Separuh
- 1 sudu kecil Salad Herba Campuran
- 1 tangkai Parsley
- $\frac{1}{4}$ sudu teh Garam

ARAHAN:
a) Masukkan susu, keju kotej dan jus lemon ke dalam bekas pengisar dan kisar sehingga rata.
b) Masukkan bahan-bahan yang tinggal ke dalam campuran keju kotej dan gaul sehingga semua sayur-sayuran dicincang.

92. Spread Keju Kotej Herba

BAHAN-BAHAN:
- 1 cawan keju kotej
- 2 sudu besar daun kucai segar, dicincang halus
- 1 sudu besar dill segar, dicincang
- 1/2 sudu teh serbuk bawang putih
- Garam dan lada sulah secukup rasa

ARAHAN:

a) Dalam mangkuk, campurkan keju kotej, daun bawang cincang, dill, dan serbuk bawang putih.

b) Perasakan dengan garam dan lada sulah secukup rasa.

c) Gunakannya sebagai sapuan untuk keropok, roti, atau sebagai celup untuk sayur-sayuran.

93. Salsa Keju Kotej

BAHAN-BAHAN:
- 1 cawan keju kotej
- 1/2 cawan salsa chunky
- 1/4 cawan cilantro segar yang dicincang
- 1/2 sudu teh jintan manis (pilihan)
- Garam dan lada sulah secukup rasa

ARAHAN:
a) Dalam mangkuk, satukan keju kotej, salsa, ketumbar dan jintan manis (jika menggunakan).
b) Perasakan dengan garam dan lada sulah secukup rasa.
c) Gunakan salsa ini sebagai topping untuk kentang bakar, ayam panggang, atau sebagai celup untuk kerepek tortilla.

94.Keju Kotej dan Gerimis Madu

BAHAN-BAHAN:
- 1 cawan keju kotej
- 2 sudu besar madu
- 1/4 sudu teh kayu manis (pilihan)

ARAHAN:
a) Sudukan keju kotej pada pinggan atau mangkuk.
b) Tuangkan madu ke atas keju kotej.
c) Secara pilihan, taburkan dengan secubit kayu manis.
d) Nikmati sebagai pencuci mulut atau snek yang manis dan berkrim.

95. Pesto Keju Kotej

BAHAN-BAHAN:
- 1 cawan keju kotej
- 2 sudu besar sos pesto
- 1/4 cawan parut keju Parmesan
- Garam dan lada sulah secukup rasa

ARAHAN:
a) Dalam mangkuk, campurkan keju kotej, sos pesto dan keju Parmesan parut.
b) Perasakan dengan garam dan lada sulah secukup rasa.
c) Gunakan pesto keju kotej ini sebagai sos pasta, sapuan sandwic atau celup untuk sayur-sayuran.

SMOOTHIES DAN KOKTEL

96. Smoothie Raspberi Berempah

BAHAN-BAHAN:
- ½ cawan keju kotej tanpa lemak
- 1 cawan ais kiub
- 1 sudu teh madu
- 2 biji kurma (diadu)
- 2 sudu besar rolled oat kuno
- 6oz raspberi segar
- Secubit kayu manis yang telah dikisar

ARAHAN:
a) Masukkan semua bahan ke dalam pengisar dan proses sehingga halus.
b) Nikmati.

97. Kotej Cheese Power Shake

BAHAN-BAHAN:
- ¼ cawan keju kotej rendah lemak
- 1 cawan beri biru (segar atau beku)
- 1 sudu serbuk protein vanila
- 2 Sudu makan biji rami
- 2 sudu besar walnut, dicincang
- 1½ cawan air
- 3 ketul ais

ARAHAN:
a) Kisar hingga sebati.
b) Rasa dan laraskan ais atau bahan jika perlu.

98. Goncang Vanila Cheesy

BAHAN-BAHAN:
- 16 oz. susu skim
- 2 cawan keju kotej tanpa lemak
- 3 sudu serbuk protein
- 1/2 cawan yogurt vanila tanpa lemak
- 1 sudu buah kegemaran anda
- Splenda dua kunci
- 2-3 kiub ais

ARAHAN:
a) Masukkan semua bahan ke dalam pengisar selama 30-60 saat.

99. Selepas Latihan Banana Protein Shake

BAHAN-BAHAN:
- 2 biji pisang
- 1/2 cawan keju kotej
- Protein whey vanila
- Cawan susu
- Sedikit Ais
- 1/2 sudu teh gula perang

ARAHAN:
a) Kisar hingga sebati.
b) Rasa dan laraskan ais atau bahan jika perlu.

100. Smoothie Soya

BAHAN-BAHAN:
- 1 sudu serbuk protein
- 1 cawan susu soya organik
- 1 cawan keju kotej
- $\frac{1}{4}$ - $\frac{1}{2}$ cawan madu mentah
- Secubit garam

ARAHAN:
a) Campurkan susu soya, dan keju kotej untuk memberikan Smoothie tekstur berbutir, dan kemudian tambah madu dan garam mengikut perkadaran citarasa anda.
b) Tambah satu sudu serbuk protein, air jika perlu, dan nikmati.

KESIMPULAN

Ketika kami sampai ke penghujung pengembaraan masakan kami di "DAPUR KEJU KOTAJ AKHIR," kami berharap anda telah menikmati meneroka kemungkinan keju kotej yang tidak berkesudahan. Dengan 100 resipi lazat di hujung jari anda, anda telah membuka kunci rahsia untuk mengubah hidangan harian kepada pengalaman yang luar biasa.

Keju kotej, dengan tekstur berkrim yang kaya dan kandungan protein yang tinggi, telah terbukti lebih daripada sekadar ruji tenusu. Ia adalah bahan utama kepada makanan yang lebih sihat, lazat dan lebih mengujakan. Dari sarapan pagi hingga makan malam dan setiap snek di antaranya, anda telah melihat bagaimana ramuan serba boleh ini boleh menjadi bintang persembahan.

Kami telah mengacau, menumis, membakar dan mengadun, dan kini giliran anda untuk mengambil alih. Biarkan imaginasi anda berjalan liar di dapur. Eksperimen dengan perisa, tekstur dan bahan untuk mencipta karya agung keju kotej anda sendiri.

Tetapi ingat, nadi mana-mana dapur bukan sekadar bahan atau resipi—ia adalah cinta dan semangat yang anda tanamkan ke dalam masakan anda. Oleh itu, semasa anda meneruskan perjalanan masakan anda, sentiasa masak dengan penuh kasih sayang, dan anda pasti akan mencipta hidangan yang bukan sahaja menggembirakan tetapi juga menghangatkan hati.

Terima kasih kerana menyertai kami dalam "DAPUR KEJU KOTAJ AKHIR." Semoga hidangan masa depan anda dipenuhi dengan kegembiraan, kesihatan, dan kebaikan keju kotej yang lazat. Selamat memasak!

www.ingramcontent.com/pod-product-compliance
Lightning Source LLC
Chambersburg PA
CBHW071308110526
44591CB00010B/828